SOCIEDADE, COMUNIDADE E REDES

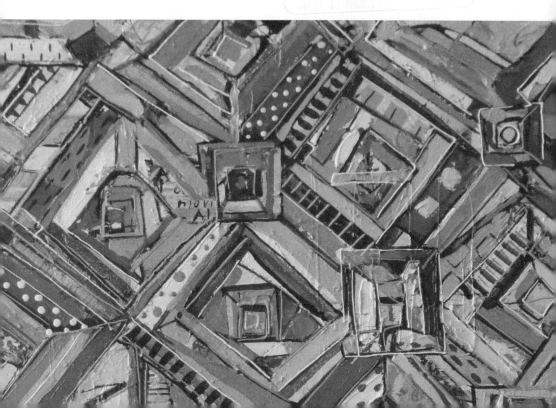

FACES DA CULTURA E DA COMUNICAÇÃO ORGANIZACIONAL

10

SOCIEDADE, COMUNIDADE E REDES

Marlene Marchiori (org.)

Copyright © 2014 Difusão Editora e Editora Senac Rio de Janeiro. Todos os direitos reservados. Proibida a reprodução, mesmo que parcial, por quaisquer meio e processo, sem a prévia autorização escrita da Difusão Editora e da Editora Senac Rio de Janeiro.

ISBN: 978-85-7808-179-9
Código: COFAV10E1T2I1

Editoras: Michelle Fernandes Aranha e Karine Fajardo
Gerente de produção: Genilda Ferreira Murta
Coordenador editorial: Neto Bach
Assistente editorial: Roberta Caroline Almeida
Copidesque: Jacqueline Gutierrez
Revisão: Cristina Lavrador Alves e Fernando Alves
Capa: Cristina Thomé (Visualitá)
Ilustrações de capa: Detalhe da obra "Telhados" – 2012, do artista plástico José Gonçalves (www.josegoncalves.art.br)
Projeto gráfico e editoração: Roberta Bassanetto (Farol Editorial e Design)

Dados Internacionais de Catalogação na Publicação (CIP)
(Câmara Brasileira do Livro, SP, Brasil)

Sociedade, comunidade e redes / Marlene Marchiori (org.). – São Caetano do Sul, SP: Difusão Editora; Rio de Janeiro: Editora Senac Rio de Janeiro, 2014. – (Coleção faces da cultura e da comunicação organizacional; v. 10)

Vários autores
Bibliografia.
ISBN 978-85-7808-102-7 (obra completa)
ISBN 978-85-7808-179-9 (v. 10)

1. Comunicação e cultura 2. Comunicação nas organizações 3. Conhecimento 4. Cultura organizacional 5. Sociedade I. Marchiori, Marlene. II. Série.

14-01226   CDD-658.45

Índices para catálogo sistemático:
1. Cultura e comunicação organizacional: Administração 658.45

Impresso no Brasil em julho de 2014.

SISTEMA COMÉRCIO-RJ
SENAC RIO DE JANEIRO
Presidente do Conselho Regional: Orlando Diniz
Diretor do Sistema Comércio: Julio Pedro
Diretor Regional: Eduardo Diniz
Conselho Editorial: Julio Pedro, Eduardo Diniz, Marcelo Toledo, Ana Paula Alfredo, Francisco Lopes, Wilma Freitas, Manuel Vieira e Karine Fajardo

Editora Senac Rio de Janeiro
Rua Pompeu Loureiro, 45/11º andar – Copacabana
CEP 22061-000 – Rio de Janeiro – RJ
comercial.editora@rj.senac.br | editora@rj.senac.br
www.rj.senac.br/editora

Difusão Editora
Rua José Paolone, 72 – Santa Paula
CEP 09521-370 – São Caetano do Sul – SP
difusao@difusaoeditora.com.br – www.difusaoeditora.com.br
Fone/fax: (11) 4227-9400

*Dedico esta coleção
a minha filha Mariel.*

Sumário

Agradecimentos 9

Sobre os autores 11

Apresentação da coleção 17

Apresentação da face 23

Ensaio - As formas conectivas do social 31

Capítulo 1 - Formação de cultura cidadã,
               comunicação e organizações no século 21 37
               Antonio Roveda Hoyos

Capítulo 2 - Sociedade, comunidade e indivíduo:
               as organizações perante o desafio ético e
               moral da comunicação dos media 49
               João Pissarra Esteves

Capítulo 3 - A cultura e o poder na relação entre
               organizações e comunidades:
               aspectos reveladores 63
               Márcio Simeone Henriques

Capítulo 4 – A relevância das comunidades virtuais
         na cultura organizacional 77
Lucia Santaella

Capítulo 5 – Network society: da esfera pública para a
         conectividade 91
Massimo Di Felice

Capítulo 6 – Comunicação, cultura e economia na
         Fase da Multiplicidade da Oferta 111
Valério Cruz Brittos (in memoriam)
Helenice Carvalho

Estudo de caso 1 – Sociedade, comunidade, comunicação e
         transformação social: uma experiência em
         construção na Samarco 121
Juliana Machado Cardoso Matoso

Estudo de caso 2 – Redes: a força da atuação em redes
         para a construção da imagem institucional
         na Fundação Dom Cabral 137
Marina Pimenta Spínola Castro
Ricardo Siqueira Campos

Roteiro para análise da face 151
Marlene Marchiori
Márcio Simeone Henriques

Agradecimentos

Obrigada pelo envolvimento, pelo aprendizado e pelas contribuições de cada autor, pesquisador, colega e executivo de comunicação, pessoas que possibilitaram tornar a coleção *Faces da cultura e da comunicação organizacional* instigante e desafiadora.

Dirijo meu reconhecimento e agradecimento especial aos orientadores Mike Featherstone, Patrice M. Buzzanell, Sergio Bulgacov e Sidineia Gomes Freitas, os quais marcaram minha trajetória. Sou grata ainda à dedicação de Ana Luisa de Castro Almeida e ao apoio dos colegas Eda Castro Lucas de Souza, Eni Orlandi, Fabio Vizeu, Ivone de Lourdes Oliveira, Miguel L. Contani, Paulo Nassar, Regiane Regina Ribeiro, Suzana Braga Rodrigues, Vera R. Veiga França e Wilma Vilaça, e dos alunos de pós-graduação e de iniciação científica dos grupos de pesquisa que lidero.

Agradeço ao empresário Luiz Meneghel Neto e à executiva Michelle Fernandes Aranha – que, com visões empreendedoras, sempre acreditaram e incentivaram o desenvolvimento dos estudos nesse campo –, e ao apoio e ao envolvimento das equipes da Difusão Editora e da Editora Senac Rio de Janeiro.

Sobre os autores

Antonio Roveda Hoyos

Decano da Escola de Ciências da Comunicação da Universidad Sergio Arboleda, em Bogotá, na Colômbia. Comunicador social (jornalista), com ênfase profissional em Comunicação Empresarial pela Universidad Externado de Colombia, e doutorando em Ciências da Comunicação e Políticas pela Universidad Complutense de Madrid, na Espanha. Foi decano, docente, pesquisador, consultor e assessor internacional em Comunicação Estratégica; Formação e Avaliação por Concorrências; Formação em Educação Superior; e Avaliação e Gerenciamento nas organizações. Escreveu vários livros, ensaios, artigos e pesquisas sobre organizações e cidadanias, globalização, educação superior e comunicação. É par acadêmico avaliador de programas de pré e pós-graduação, e assessor em Educação Superior do Ministério de Educação Nacional da Colômbia, da Organização dos Estados Ibero-americanos (OEI) e da Colciencias – Departamento Administrativo de Ciencia, Tecnología e Innovación. Atualmente é o diretor das provas Saber Pró para Comunicação, Publicidade e Projeto da Colômbia.

Helenice Carvalho

Doutora em Comunicação, com ênfase em Processos Midiáticos pela Universidade do Vale do Rio dos Sinos (Unisinos), mestre em Administração, com ênfase em Produção e Sistemas, pelo Programa de Pós-Graduação em Administração da Universidade Federal do Rio Grande do Sul (UFRGS) e especialista em Marketing pela Pontifícia Universidade

Católica do Rio Grande do Sul (PUCRS). Lecionou nos cursos de Comunicação da Unisinos e da PUCRS, e, desde 2008, é professora adjunta da UFRGS. É líder do Grupo de Pesquisa Inteligência Organizacional, do Conselho Nacional de Desenvolvimento Científico e Tecnológico (CNPq).

João Pissarra Esteves

Doutor e professor agregado em Ciências da Comunicação pela Universidade Nova de Lisboa. Com atividade docente desenvolvida entre esta instituição e outras universidades de Portugal e do Brasil, em cursos de pós-graduação, publicou diversos artigos científicos em revistas e em obras coletivas da especialidade, em Portugal e no exterior, e é autor dos livros: *Sociologia da comunicação*, *O espaço público e os media*, *Espaço público e democracia* e *A ética da comunicação e os media modernos*. É ainda editor das seguintes obras: *Comunicação e identidades sociais* (2008), *Media e sociedade* e *A improbabilidade da comunicação*.

Juliana Machado Cardoso Matoso

Graduada em Jornalismo e em Relações Públicas pela Pontifícia Universidade Católica de Minas Gerais (PUC Minas); com MBA Executivo Empresarial pela Fundação Dom Cabral; curso internacional de Comunicação Empresarial promovido pela Associação Brasileira de Comunicação Empresarial (Aberje), em parceria com a Syracuse University, nos Estados Unidos; e MBA Executivo em Administração e Gestão Estratégica pelo Centro Universitário Una, em Minas Gerais. Com mais de dez anos de experiência em Comunicação Organizacional, trabalhou na gerência de Comunicação da Gerdau Açominas e da BMS-Arcelor Brasil (Belgo Mineira Sistemas). Atualmente, é gerente-geral de Comunicação e Desenvolvimento Socioinstitucional na empresa de mineração Samarco.

Lucia Santaella

Coordenadora do Programa de Pós-Graduação em Tecnologias da Inteligência e Design Digital e professora titular do Programa de Pós-Graduação em Comunicação e Semiótica, ambos da Pontifícia Universidade Católica de São Paulo (PUC-SP). Doutora em Teoria Literária pela PUC-SP e livre-docente em Ciências da Comunicação pela Universidade de São Paulo (USP), é presidente honorária da Federação Latino-Americana de Semiótica e membro correspondente brasileiro da Academia Argentina de Belas Artes, e foi presidente, em 2007, da Charles S. Peirce Society, nos Estados Unidos. Organizou 11 livros e é autora de trinta, entre os quais *Matrizes da linguagem e pensamento, Sonora, visual, verbal* (vencedor do prêmio Jabuti em 2002), além dos mais recentes: *Linguagens líquidas na era da mobilidade* e *Metaciência*.

Márcio Simeone Henriques

É professor do departamento de Comunicação Social da Universidade Federal de Minas Gerais (UFMG), na qual integra o corpo docente permanente do Programa de Pós-Graduação em Comunicação Social, na linha Processos Comunicativos e Práticas Sociais, e pela qual é doutor em Comunicação.

Marina Pimenta Spínola Castro

Mestre em Comunicação pela Universidade de Brasília (UnB) e especialista em Democracia Participativa e Movimentos Sociais pela Universidade Federal de Minas Gerais (UFMG). Trabalhou na imprensa diária, foi consultora do Fundo das Nações Unidas para a Infância (Unicef) e chefe da Assessoria de Comunicação Social da Secretaria Especial dos Direitos Humanos da Presidência da República. Como chefe de gabinete da Secretaria-geral da Presidência da República, coordenou o Programa de Formação de Conselheiros Nacionais e foi conselheira do Conselho Nacional de Política Cultural e do Conselho Nacional de Políticas para as Mulheres. Ao atuar como consultora da Organização das Nações Unidas para a Educação, a Ciência e a Cultura (Unesco), elaborou o livro *Participação social no governo federal 2003-2010,* editado pela Presidência da República em 2010. Atualmente, é gerente de Relações Institucionais da Fundação Dom Cabral (FDC), responsável pela comunicação interna e institucional e pelo relacionamento com públicos estratégicos.

Massimo Di Felice

Sociólogo pela Università degli Studi di Roma "La Sapienza", na Itália, e doutor em Ciências da Comunicação pela Universidade de São Paulo (USP). É professor de Teoria da Opinião Pública da Escola de Comunicações e Artes (ECA) da USP. Coordena o Centro de Pesquisa Atopos da ECA/USP, voltado à análise dos impactos da introdução de novas tecnologias comunicativas no contexto das sociabilidades e das culturas contemporâneas.

Ricardo Siqueira Campos

Diretor adjunto de Relações Institucionais, desde 2012, da Fundação Dom Cabral (FDC), é responsável pela gestão da reputação e imagem corporativa da FDC, além da captação de recursos não operacionais. É graduado em Comunicação Social pela Fundação Armando Álvares Penteado (FAAP/SP) e em Administração de Empresas pelo Centro Universitário Una, em Minas Gerais. É especializado em Comunicação Empresarial, com MBA Executivo Internacional pela FDC/Sauder School of Business (Canadá) e Programa de Gestão Avançada (PGA) pela FDC/INSEAD – The Business School for the World (França).

Valério Cruz Brittos *(in memoriam)*

Foi professor titular no Programa de Pós-Graduação em Ciências da Comunicação da Universidade do Vale do Rio dos Sinos (Unisinos), pesquisador do Conselho Nacional de Desenvolvimento Científico e Tecnológico (CNPq), coordenador do Grupo de Pesquisa (GP) Comunicação, Economia Política e Sociedade (Cepos), apoiado pela Ford Foundation, e doutor em Comunicação e Cultura Contemporâneas pela Faculdade de Comunicação da Universidade Federal da Bahia (Facom-UFBA). Foi vice-presidente da Unión Latina de Economía Política de la Información, la Comunicación y la Cultura (Ulepicc), coordenador do GP de Economia Política da Informação, Comunicação e Cultura da Sociedade Brasileira de Estudos Interdisciplinares de Comunicação (Intercom), membro do conselho consultivo da Intercom e editor da *Revista Electrónica Internacional de Economia Política de las Tecnologías de la Información y de la Comunicación* (*Eptic Online*).

Apresentação da coleção

Para absorver a multiplicidade e a divergência das faces da cultura e da comunicação, torna-se indispensável reexaminar conceitos e conferir-lhes novas leituras. Com esse propósito, foi criado, na Universidade Estadual de Londrina, o Grupo de Estudos Comunicação e Cultura Organizacional (Gefacescom), certificado institucionalmente no Conselho Nacional de Desenvolvimento Científico e Tecnológico (CNPq) e, nesse contexto, indispensável à visão das organizações como expressividade de cultura e comunicação.

Nessa ótica, as organizações se mostram inseridas em um mundo permeado de símbolos, artefatos e criações subjetivas ao qual chamamos de Cultura, sendo a comunicação constitutiva desses espaços realizada mediante processos interativos. Essas abordagens nos levam a compreender como organizações são constituídas, nutridas, reconstruídas e transformadas. Conhecer as implicações dos conceitos comunicação e cultura é concentrar o olhar na perspectiva processual que a cada movimento emerge em um novo contexto, um novo sentido, que se ressignifica, se institui e reinstitui nas interações, ajudando a entender os contextos, as decisões, os múltiplos ambientes e as potencialidades vivenciadas nas organizações.

A discussão da cultura na sociedade foi revelada em 1871 por Edward B. Tylor. Já no contexto organizacional, a expressão "cultura de empresa" surgiu na década de 1950 com Elliott Jaques (1951). Na década de 1980, Linda Smircich (1983) agrupou em duas as abordagens epistemológicas e metodológicas adotadas por pesquisadores: cultura concebida como variável; e cultura compreendida como metáfora da organização.

A primeira abordagem, com influência do paradigma funcionalista, trata da chamada Cultura Organizacional (CO) como aspecto que a organização tem. A segunda abordagem, com raízes no paradigma interpretativo, lida com a cultura como algo que uma organização é (SMIRCICH, 1983); por isso, trata a Cultura nas Organizações (CNO) (ALVESSON,1993). Essa última definição é mais abrangente que a primeira, pois pressupõe uma ação do indivíduo no processo, sugerindo, assim, falar-se de **CulturaS**[1] nos ambientes organizacionais em razão da multiplicidade de pessoas que, ao interagirem, fomentam diferentes formas de ser, fazendo emergir diversidades e diferenças, e não uma visão única de cultura. Assim, abordagens no campo interpretativo, crítico e pós-moderno[2] vão além da visão de cultura como variável (paradigma funcionalista) e suscitam reflexões e instigam o desenvolvimento de novas pesquisas teóricas e empíricas nos estudos organizacionais e comunicacionais.

Essas diferentes concepções fazem considerar organizações ambientes dinâmicos, interativos, discursivos, com elementos constituintes (essenciais) e constitutivos (meios e recursos) no processo de criação e de consolidação de realidades. É fundamental admitir que se vivenciam múltiplas culturas. A realidade é maleável, construída pelos indivíduos por meio de dinâmicas, processos, práticas e relacionamentos que se instituem socialmente.

Uma pessoa se revela como ser social em sua relação com outras. Dessa forma, emerge nas organizações um processo contínuo e ininterrupto de construção de culturas. Esses contextos constituídos na interação fazem sentido em determinado ponto e ascendem ao estatuto de processos institucionalizados até que o próximo questionamento dissolva essa cadeia de equilíbrios e produza uma espiralação que coloca a realidade grupal em patamar distinto daquele em que todos se encontravam.

Essa visão contemporânea modifica radicalmente a noção de cultura no contexto organizacional e de relacionamento natural com todas as áreas e os processos de construção coletiva, de onde surgem as inúmeras faces e interfaces que assume.

Ao longo dos dez volumes, ou das dez faces, desta coleção, amplia-se o olhar sobre as possibilidades de produção das interpretações possíveis de cultura, ultrapassando a abordagem de considerá-la uma variável controlada pela organização de acordo com os valores definidos pela alta direção ou pelos fundadores. A coleção desvenda e identifica múltiplas

---

[1] Nota das editoras: grifo da autora para enfatizar o plural, fazendo compreender que não há uma única cultura, mas várias.
[2] Nota da autora: paradigmas tratados no Volume 3 desta coleção.

faces, as quais possibilitam revelar conhecimentos diversificados das realidades organizacionais, com linguagem e conteúdos próprios. A face é uma singularidade, marcadora de identidade(s). Em decorrência de uma abordagem multiparadigmática, as faces podem inter-relacionar-se, possibilitando, pelas proximidades e conexões, diálogos diversificados e análises ainda mais amplas da cultura e da comunicação nas interfaces.

A teoria das faces defendida por Erving Goffman (1967) lembra que as pessoas tendem naturalmente a experimentar uma resposta emocional quando estão em contato com outras. Nesse contexto, o termo face representa "o valor social positivo que uma pessoa reclama para si por meio daquilo que os outros presumem ser a linha por ela tomada durante um contato específico" (GOFFMAN, p. 76). Dentro dessa ótica, a face é um constructo sociointeracional, uma vez que depende do outro. Uma face não se constitui no isolamento. Ela se faz "em" comunicação e no bojo das relações com o outro – trazendo as marcas dessas relações. A comunicação dá origem à dimensão do "quem somos", isto é, uma identidade que se institui e se reinstitui nas conversações – resultado de uma comunicação processual que dá alma aos fragmentos que, no seu interior, interagem.

O significado constituído por um grupo pode não ser o mesmo para outro; ainda assim, as diferenças convivem e interatuam. Então, pode-se dizer que há uma imbricação entre cultura e comunicação; nenhuma se sobrepõe à outra, uma vez que cultura interpenetra comunicação, ao mesmo tempo que comunicação interpenetra cultura.

Essa inter-relação envolve uma variedade de faces que devem ser observadas em conjunto para que sejam compreendidas adequadamente. Esta coleção revela as faces e interfaces que a cultura e a comunicação assumem no mundo das organizações. Com abordagens teóricas e práticas, apresentam-se ao leitor pensamentos contemporâneos, que ajudam a ampliar o conhecimento, e relatos de casos de empresas, que aproximam e integram os campos acadêmico e profissional. O conjunto da obra, na sua complexidade, procura refletir sobre variáveis diferentes de análise, na tentativa de instituir um diálogo entre as faces.

Comunicação em interface com cultura

Alude ao olhar para as organizações como processo, o que implica uma visão da comunicação interativa – construção de sentido entre sujeitos interlocutores. A cultura é um processo que se cria e se recria a cada nova dinâmica social, sujeita à intencionalidade do ato humano. **Casos Vale e Gerdau.**

Estudos organizacionais em interface com cultura

Essa face leva o mundo dos negócios a refletir sobre o valor do homem e suas relações nesse contexto sócio-histórico, não prevalecendo uma visão unificada da cultura, mas múltiplos processos simbólicos. **Caso Odebrecht.**

Perspectivas metateóricas da cultura e da comunicação

Ao compreender cultura e comunicação como constructos, amplia a reflexão metateórica sobre os estudos nesse campo ao considerar as perspectivas epistemológicas funcionalista, interpretativa, crítica e pós-moderna, sem o julgamento de valor de que uma perspectiva seja melhor ou mais adequada que outra. **Caso Matizes Comunicação.**

História e memória

Contempla o processo de formação da cultura como articulação da presença do indivíduo em relação ao outro ao discutir a história oral, aquela que considera os elementos humanos na sua constituição, sendo sua matéria-prima a memória, a identidade e a comunidade. **Caso Votorantim.**

Cultura e interação

O olhar recai sobre processos simbólicos e práticos, assumindo a interação como um aspecto intrínseco às organizações. São processos criados e nutridos pelos sujeitos múltiplos, os quais assumem papéis estratégicos na comunicação e posições enunciativas heterogêneas. **Caso Basf.**

Liderança e comunicação interna

Evidencia uma descentralização nos ambientes organizacionais ao expandir a visão de relacionamentos pela qual líderes e liderados realizam mudanças. Ganha destaque a comunicação interna que privilegia a constituição dos espaços de fala. **Casos Tetra Pak e Natura.**

Linguagem e discurso

A instância discursiva é um elemento da vida social, pois as práticas simbólicas são continuamente constituídas ao colocar a linguagem em funcionamento nas situações de fala que ocorrem no dia a dia das organizações. **Caso Braskem.**

Contexto organizacional midiatizado

Mídia é entendida como o principal agente contemporâneo de circulação e interconexão de fluxos humanos, materiais e imateriais. **Caso Fiat.**

Conhecimento e mudança

O conhecimento se constitui com base na ação dos sujeitos, ou seja, organizações são dependentes do ser no processo de construção do saber. **Casos Embraco e Itaú-Unibanco.**

Sociedade, comunidade e redes

Reacende o valor das discussões, dos intercâmbios e revela organizações como conjunto de elementos humanos e não humanos que englobam atores, redes e processos comunicacionais. **Casos Samarco e Fundação Dom Cabral.**

Ocorre uma abordagem de ímpeto inovador no campo dos estudos organizacionais e da comunicação quando se suscitam debates e reflexões sobre as diversas faces. Para compor o todo, esta coleção reúne acadêmicos, pesquisadores e executivos de comunicação, reconhecidos nacional e internacionalmente, testemunhas de uma nova realidade: a da cultura e da comunicação como temas conexos. Realidade que desafia os leitores a ressignificar.

Marlene Marchiori

Referências

ALVESSON, M. *Cultural perspectives on organizations.* Cambridge: Cambridge University Press, 1993.

GOFFMAN, E. On face-work, an analysis of ritual elements in social interaction. In: GOFFMAN, E. (ed.). *Interaction ritual.* Nova York: Pantheon Books, 1967.

JAQUES, E. *The changing culture of a factory*: a study of authority and participation in an industrial setting. Londres: Tavistock, 1951.

SMIRCICH, L. Concepts of culture and organizational analysis. *Administrative Science Quarterly*, v. 28, n. 3, p. 339-58, set./dez. 1983.

TYLOR, E. B. *Primitive culture*: researches into the development of mythology, philosophy, religion, languages, art and customs. Londres: John Murray, Albemarle Street, 1871.

Apresentação da face

Este volume, ou esta face, *Sociedade, comunidade e redes*, o décimo da coleção *Faces da cultura e da comunicação organizacional,* traz para o debate a dinâmica que fundamenta a sociedade atual, na qual o valor da comunidade se enaltece como um espaço de negociação em que indivíduos com suas preferências, ao se relacionarem, consideram também as primazias dos outros no processo de construção de realidades coletivas. São realidades que se respeitam e que são capazes de vivenciar arranjos coletivos de maneira fluida e difusa.

Nesse contexto, aquilo que negociamos são construções coletivas que acabam por influenciar os novos processos de relacionamento, os quais criam realidades culturais diversas, que se instituem a uma nova negociação. Os sentidos são, assim, construídos nas experiências em que se encontram os indivíduos, e, desse encontro, emergem princípios socialmente criados por meio das interações. É nas interpretações que os seres humanos têm de si e de suas relações com a natureza que a cultura emerge. Esse é o verdadeiro sentido de se compreender cultura como processo.

Dessa forma, as comunidades nascem e se fortalecem quando cultuam o sentido, podendo ser reconhecidas e aceitas no espaço público. Para Henriques (2012), o sentido envolve intensa comunicação entre sujeitos e grupos, o qual ocorre tanto na esfera institucional como nas redes. As sociedades surgem e se orientam no intuito de serem mais conscientes e ativas, emergindo dinâmicas intensas de conversações que extrapolam o próprio âmbito das localidades, sendo complexa a rede de relacionamentos que se institui.

Nesse contexto, as redes sociais, as novas mídias e a comunicação global servem tanto para "potencializar e estabilizar as redes e os fluxos comunicacionais [...] como também para fomentar controvérsias, revelar inconsistências e visualizar problemas" (LEMOS apud OLIVEIRA; MARCHIORI, 2012, p. 12). Esses espaços reacendem, assim, o valor das discussões, dos intercâmbios e revelam uma nova organização – um conjunto de elementos humanos e não humanos constituídos pelas redes (atores), relações (sociais) e fluxos comunicacionais (mídia), que, de alguma forma, procuram estabilizar-se (LEMOS apud OLIVEIRA; MARCHIORI, 2012).

Monge (2012, p. 31) chama a atenção para os indivíduos de uma organização, os quais "não existem de forma isolada", muito pelo contrário, estão conectados em razão de uma "variedade de relações de comunicação e de outras redes com membros" que pertencem à própria organização e também com indivíduos de outras populações em suas comunidades organizacionais.

Na busca pela compreensão desses processos, os estudos relativos a redes não examinam o relacionamento entre as estruturas das redes e o conteúdo das mensagens que nelas circulam no que se refere a conteúdo, símbolos e interpretações que são produzidos e reproduzidos. Monge e Contractor (2001), inclusive, ressaltam a necessidade de se aprofundar o conhecimento nesse campo de pesquisa.

Além disso, para Monge e Contractor (2003), redes são sistemas complexos compostos por componentes e propriedades que existem e podem ser explicados em todos os níveis. São concebidos como padrões de contato criados por fluxos de mensagens entre comunicadores no tempo e no espaço (MONGE; CONTRACTOR, 2003). Por meio de mensagens, os autores orientam quanto a expandir o entendimento utilizando dados, informações, conhecimento, imagens e símbolos que se movimentam de um ponto a outro ou que podem ser recriados pelos participantes da rede. Assim, este volume da coleção *Faces da cultura e da comunicação organizacional* nos desafia a compreender de que forma indivíduos constroem redes de relações, as quais são influenciadas pelas afinidades sociais que instigam os relacionamentos nos diferentes ambientes.

Com base nessa discussão, torna-se premente compreender a interação humana e como se dão, de modo mais amplo, suas conexões, o que pode aprofundar a compreensão do "viver em comunidades". Monge e Contractor (2003, p. 4) salientam que organizações globais "são processos, e não lugares". Essas diferentes formas de se comunicar alteram a maneira como organizações e pessoas experimentam realidades. A comunicação facilita os relacionamentos entre organizações, seus públicos e a sociedade, e modifica o modo de viver na medida em que atua em um contexto político com esforço para mobilizar mudanças sociais (PERUZZO, 2009).

Essas são revelações possíveis que o mundo contemporâneo nos apresenta e que nos desafia a compreender as faces e as interfaces entre sociedade, comunidade e redes, exploradas na visão de estudiosos sobre a temática deste volume.

Em seu ensaio, **Massimo Di Felice** sugere compreender o processo de transformação da sociedade, questionando sua natureza e a qualidade do estatuto social. O olhar transcende a distribuição de informações em uma sequência informativa analógica (emissor-mensagem-meio-receptor), emergindo uma abordagem sistêmica, a qual, com o advento das redes digitais, considera o social tecnológico e interativo – e, portanto, segundo o autor, o pós-analógico, um social híbrido –, requisitando dos pesquisadores repensar o significado da estrutura e da ação social.

No Capítulo 1, **Antonio Roveda Hoyos** leva os leitores a refletir sobre situações adversas do século 21 chamando à responsabilidade os indivíduos que são atores no processo, não espectadores. A formação de cidadãos requer ampliar os espaços de participação, validação e representação, promovendo "lugares de encontro" e de construção do "cidadão e do público". Roveda chama a atenção das organizações para responsabilidades de construção da nova ordem social, econômica e política e das dinâmicas complexas entre "o público e o privado". A comunicação, nesse contexto, é estratégica e dinamizadora das culturas. Discute-se a construção de cidadãos plenos para desenvolvimento e equilíbrio das sociedades, exigindo desses sujeitos o "exercício e a liberdade de sua verdadeira civilidade", o que requer relações e interações de convivência. Ser cidadão impõe reconhecer os demais como sujeitos e atores essenciais para a vida social e política.

A abordagem de **João Pissarra Esteves** no Capítulo 2 nos conduz à reflexão sobre os re(encontros) entre organizações e seus públicos, na medida em que os públicos assumem atitudes críticas, sugerindo a revalorização da comunicação pública na perspectiva de um planejamento orientado pelo consenso (ideia orientadora). Essa postura valoriza um reequilíbrio de forças e incita, também, uma avaliação das consequências políticas, englobando o plano de valores de cidadania, nos quadros de interação e comunicação próprios das organizações e dos diversos *stakeholders*. Pissarra Esteves considera a tríade sociedade-cultura-comunicação a base de constituição dos *media* e questiona a visão fragmentada da percepção dos meios em si mesmos como uma esfera própria, sugerindo a necessidade de as organizações assumirem "um conceito problematizante de comunicação".

Isso significa para as organizações, antes de tudo, questionar suas próprias rotinas de funcionamento.

A relação entre organizações e comunidades é ricamente explorada por **Márcio Simeone Henriques** no Capítulo 3, que ressalta em sua análise a tensão entre os valores comunais e os da sociedade urbano-industrial, apresentando como uma das explicações o choque cultural entre antigos e novos valores. Dado o conjunto de paradoxos e de conflitos presentes nessas relações, Simeone questiona esse viés explicativo e analisa esse processo complexo de relacionamento, agir e interagir, no que tange aos problemas públicos advindos do impacto dos grandes empreendimentos sobre as populações locais. Sua abordagem destaca o valor de as comunidades instituírem-se como públicos plurais, o que significa para as organizações identificar, pelo caráter "instável e ambíguo", a natureza dessas relações. O capítulo instiga o olhar das organizações para essas novas relações, compreendendo comunidades como forma de "vivência coletiva".

No Capítulo 4, **Lucia Santaella** argui sobre o fato de as redes digitais constituírem formas culturais e socializadoras do ciberespaço, dando ênfase às redes sociais na internet. Ao considerar o exame retrospectivo da formação, desenvolvimento e transformações do ciberespaço e das novas ferramentas de socialização, discute a importância da incorporação das redes sociais digitais na dinâmica comunicacional das organizações. Essa autora sugere o imbricamento de diferentes lógicas comunicacionais em um mesmo espaço social, entrelaçado por diversas formas de culturas que se sincronizam, englobando os atores e suas conexões. Nas comunidades virtuais, priorizam-se, assim, relações interpessoais de "confiança, afinidade e reciprocidade", as quais ocorrem de modo voluntário e não por estarem situadas em um mesmo local físico.

Massimo Di Felice, ao discorrer sobre as tecnologias digitais interativas no Capítulo 5, discute o processo de construção de significados sociais, as novas formas de participação e os novos sujeitos-atores, o que altera significativamente a "arquitetura" do social. Surge, por conseguinte, uma nova condição social na qual o elemento técnico-midiático intervém ativamente na construção dos significados sociais, determinando alterações qualitativas nos significados de participação e nas mesmas práticas democráticas. Desde o teatro até a imprensa e a mídia de massa, mostra-se claro como os processos de participação são também resultado de tecnologia comunicativa, atribuindo à democracia um significado não exclusivamente político. Na época contemporânea, o imediatismo e a interação das redes sociais digitais compõem a arquitetura informativa de outra estrutura social, colaborativa e aberta, sem centro nem periferia.

Valério Cruz Brittos *(in memoriam)* e **Helenice Carvalho**, no Capítulo 6, ponderam acerca da relação entre comunicação, cultura e economia nesta Fase da Multiplicidade da Oferta, em que é ampliada acentuadamente a quantidade de bens simbólicos à disposição dos consumidores, passando-se a um período em que a busca pela conquista de público acirra-se com diversos setores, disputando sua atenção. Nesse quadro, tem-se um sistema de fluxos em que os receptores ocupam papel central na conformação dos mercados a tal ponto que a produção de conhecimento é considerada coletiva, ainda que em uma dinâmica de apropriação tendencialmente privada. Hoje, sob a égide da convergência e da interatividade, permitidas pela digitalização, vive-se uma avançada interação entre informação, comunicação e informática, com a apropriação de todas essas áreas pelos usuários, que permanentemente criam e recriam conteúdos, a exemplo das redes sociais.

Juliana Machado Cardoso Matoso explora, no estudo de caso da Samarco, o avanço da trajetória de desenvolvimento social com as comunidades em que a empresa atua nos dois estados brasileiros: Minas Gerais e Espírito Santo. A Samarco iniciou, em 2012, a implantação de uma estratégia de transformação social que envolve não apenas comunidades, mas também outros atores fundamentais para o desenvolvimento dos territórios, sob uma perspectiva de formação de redes colaborativas. A proposta busca ampliar a visão de desenvolvimento para um horizonte de longo prazo que tem a sociedade, e não a empresa, como protagonista – o que requisita um novo comportamento da Samarco, de natureza multidisciplinar, alinhado à sua estratégia de negócio. O estudo de caso relata o poder de ação da rede colaborativa que se formou para a promoção de avanços na educação, na dinâmica de geração de renda dos territórios, na capacitação das lideranças públicas e comunitárias e no incentivo ao engajamento social interno, o que mantém vivo e intenso seu DNA: integrar as etapas do processo produtivo, inovando e transformando, ressaltando o aspecto social e a multidisciplinaridade dos campos da comunicação e do relacionamento.

O estudo de caso da Fundação Dom Cabral (FDC), uma contribuição de **Marina Pimenta Spínola Castro** e **Ricardo Siqueira Campos**, demonstra como os relacionamentos entre as organizações são desenvolvidos com facilidade quando estas têm na essência de suas atividades o ser humano. Assim, as organizações constroem soluções educacionais integradas que valorizam as soluções que nascem internamente, expandem fronteiras e relacionamentos, em uma produção coletiva e em rede com escolas de diferentes países, consolidando o senso de pertencimento. Com sua base sustentada na prática dos valores que nutrem a cultura da FDC nessas redes de aprendizagem, a troca de conhecimento e o intercâmbio de experiências possibilitam o repensar de seus modelos de gestão.

Ao fim deste volume da coleção, apresenta-se um **roteiro para análise da face**.

Marlene Marchiori

Referências

HENRIQUES, M. S. Relações públicas na perspectiva da comunicação comunitária. In: OLIVEIRA, I. L.; LIMA, F. P. *Propostas conceituais para a comunicação no contexto organizacional*. São Caetano do Sul: Difusão; Rio de Janeiro: Senac, 2012, p. 138-41.

LEMOS, A. Prefácio. In: OLIVEIRA, I. L.; MARCHIORI, M. *Redes sociais, comunicação, organizações*. São Caetano do Sul: Difusão, 2012. p. 9-13.

MONGE, P. R. A ecologia das comunidades organizacionais: sítios de redes sociais – 1996-2011. IN: OLIVEIRA, I. L.; MARCHIORI, M. (org.). *Redes sociais, comunicação, organizações*. Série Pensamento e Prática. São Caetano do Sul: Difusão, 2012. p. 27-47.

_____; CONTRACTOR, N. S. Emergence of communication networks. In: JABLIN, F. M; PUTNAM, L. L. (eds.). *The new handbook of organizational communication advances in theory, research, and methods*. Thousand Oaks, CA: Sage, 2001, p. 440-502.

_____; _____. *Theories of communication networks*. Nova York: Oxford University Press, 2003.

PERUZZO, C. M. K. Organizational communication in the third sector: an alternative perspective. *Management Communication Quarterly*. v. 22, n. 4, p. 663-70, 2009.

Ensaio

As formas conectivas do social

Nossas sociedades estão marcadas por um importante processo de transformação, uma mudança que diz respeito não apenas a suas relações internas, mas também a seu sentido profundo, ou seja, ao sentido que define a mesma natureza e a qualidade da arquitetura do social.

As Ciências Sociais, filhas da cultura positivista europeia, ofereceram-nos uma concepção sistêmica e conceptual da dimensão social, acostumando-nos a uma representação holística que reproduzia as formas de um organismo dividido em órgãos e partes separadas. Nessa conformação, cada ator, e membro, desta sociedade passa a ser pensado somente como parte de um sistema maior.

Deve-se a Parsons (1987) a sistematização de tal pensamento, na primeira metade do século 20, que acabou difundindo e consolidando as formas estruturalistas de um pensamento social previamente acenadas por autores como Spencer e Durkheim, e pelos antropólogos Radcliffe-Brown e Malinowsky. Essa interpretação nos acostumou a uma concepção funcionalista descrita por Parsons, no conhecido sistema AGIL,[1] que descrevia a sociedade como uma estrutura dividida em

---

[1] Sigla introduzida por Talcott Parsons como uma ferramenta para a análise de uma empresa ou, generalizando, de qualquer sistema social.
A = *Adaptation* (função adaptativa)
G = *Goal attainment* (realização dos fins)
I = *Integration* (função integradora)
L = *Latent pattern maintenance* (manutenção do modelo latente)

funções, sistemas e subsistemas, cujo pressuposto para a própria existência residia na forma de interação entre as distintas partes, isto é, em um sistema comunicativo analógico, em um repasse de informações de uma estrutura para outra, de um sistema "emissor" para outro, "receptor", separado por funções e identidade. Essa concepção moderna e industrial da sociedade foi criticada pelas teorias pós-modernas, que, além de pôr em discussão a concepção sistêmica, passaram a indicar algumas recorrentes qualidades do social não apenas como elementos emergentes, mas também como forma constituidora e esquecida da representação clássica do convívio humano.

Passaram, assim, a ser descritas as dimensões orgiásticas (do termo grego *orgia*) e tribais do social (Maffesoli), sua forma líquida (Bauman) e transparente (Vattimo) ou analfabética (Abruzzese), que dão ênfase aos elementos não estruturais, segundo as definições sociológicas da modernidade, expressando a necessidade de uma reformulação social em um sentido pós-industrial e metassistêmico.

As redes digitais passaram a manifestar a necessidade de uma reflexão maior que dissesse respeito ao advento social tecnológico e interativo, com base não mais em formas de comunicação analógicas resultantes de mediações entre sujeitos, grupos, empresas e instituições e meios de comunicação, mas, sim, em redes que reunissem coletivos humanos a dispositivos e banco de dados (*big data*).

Nessa nova conformação – possibilitada pelo advento de novas formas comunicativas advindas da introdução de tecnologias de transmissão por cabo e fibras ópticas, Wi-Fi, satélites e o método de identificação por radiofrequência ou RFID (do inglês *Radio-Frequency IDentification*), entre outros, que permitem o acesso em tempo real de uma quantidade infinita de informações e a conexão de um amplo ecossistema de atores –, o social deixa de ser um sistema definido e composto por partes e identidade distintas, transformando o modo de realizar suas conexões e o resultado estendido de sua distribuição de informações e interações que não se articulam de acordo com a sequência informativa analógica emissor-mensagem-meio-receptor.

A rede planetária da internet passa a possibilitar a circulação instantânea de informações por meios de comunicação que, pela primeira vez, eliminam a separação entre emissor e receptor, como um pressuposto fundante de todas as principais práticas comunicativas desenvolvidas na História:

Junto ao crescimento das taxas de transmissão, a tendência à interconexão provoca uma mutação na física da comunicação: passamos das noções de canal e rede a uma sensação de espaço envolvente. Os veículos de informação não estariam mais no espaço, mas, por meio de uma espécie de reviravolta topológica, todo o espaço se tornaria um canal interativo. A cibercultura aponta para uma civilização da telepresença generalizada. Para além de uma física da comunicação, a interconexão constitui a humanidade em um contínuo de sem fronteiras, cava um meio informacional oceânico, mergulha os seres e as coisas no mesmo banho de comunicação interativa. A interconexão tece um universal por contato (LEVY, 1999, p. 127).

A tecnologia, como interface e interatividade, deixa de ser uma "extensão dos sentidos" para se tornar arquitetura interna e de sociabilidade habitável:

A cibercultura é a expressão da aspiração de construção de um laço social, que não seria fundado nem sobre links territoriais, nem sobre relações institucionais, nem sobre relações de poder, mas sobre a reunião em torno de centros de interesses comuns, sobre o jogo, sobre o compartilhamento do saber, sobre a aprendizagem cooperativa, sobre processos abertos de colaboração. O apetite para as comunidades virtuais encontra um ideal de relação humana desterritorializada, transversal, livre. As comunidades virtuais são os motores, os atores, a vida diversa e surpreendente do universal por contato (LEVY, 1999, p. 130).

O resultado do surgimento desse novo social interativo e ilimitado questiona as Ciências Sociais não somente como técnicas de pesquisa que busquem alcançar, ao lado do social tradicional, suas novas expressões virtuais, mas, sobretudo, como categorias, paradigmas e conceitos. Como definir e, por conseguinte, delimitar um social em rede? De que forma distinguir as territorialidades e os atores de suas sociabilidades mutantes na rede?

Do ponto de vista teórico, a sociedade em rede é responsável pela superação da concepção sistêmica do social e daquela estrutural-funcionalista, que por tanto tempo marcaram, explícita e/ou implicitamente, nossa forma de pensar, a dimensão social e as relações entre seus diversos e individuais.

O advento da sociedade em rede com base no formato de comunicações interativas, portanto, pós-analógica, obriga-nos a um pensar social pós-estruturalista, no qual os distintos setores, os diversos grupos, as instituições, as empresas passam a se sobrepor e a reinventar-se pela contínua interação e pelo acesso permanente aos fluxos informativos. Um social dinâmico e em ininterrupto devir; algo diferente de um organismo fechado e delimitado, produto de um conjunto de órgãos separados e interagentes, um social híbrido perante o qual é necessário repensar o significado da estrutura e da ação social:

> [...] As formas experienciais das deslocações tecnocomunicativas que criam e multiplicam espaços e materialidades eletrônicas socialmente ativas, tornam oportuno o surgimento de um novo léxico capaz de relatar as experiências sociais que se criam a partir das novas formas de superação de fronteiras entre o orgânico e o inorgânico. [...] Daí a necessidade, para alcançar as profundidades e as complexidades das transformações em ato, de ir além das antigas contraposições entre receptor/emissor, corpo/máquina, inteligências/sistemas informativos (DI FELICE, 2005, p. 17).

Estamos atravessando novos horizontes que nos levam a entender que é necessário superar a epistemologia do social, produzida até então pelas Ciências Sociais, e inverter a navegação em busca de novas perspectivas.

Nessa direção seguem os estudos de Latour, Callon e Law sobre a teoria do ator, rede e passagem – defendida por Latour na obra *Reagregando o social* –, da sociologia para as ciências das associações, isto é, sobre a forma de representação abstrata e conceptual do social para suas dimensões agregativas e emergentes, que estabelecem relações e laço, formando um social agregativo e não previsto. Um social não mais apenas constituído por seres humanos, mas também desenvolvido e agregado pelas complexas interações ecológicas e conectivas de informações, indivíduos, dispositivos, banco de dados e territórios, geradores de impermanentes formas reticulares.

Massimo Di Felice
Sociólogo pela Universidade La Sapienza de Roma e doutor em
Comunicação pela Escola de Comunicações
e Artes da Universidade de São Paulo (ECA/USP)

Referências

DI FELICE, M. Sociabilidades transorgânicas e sentires além do humano. In: PERNIOLA, M. *O sex appeal do inorgânico*. São Paulo: Studio Nobel; ECA-USP, 2005.

_____. *Paisagens pós urbanas*: o fim da experiência urbana e as formas comunicativas do habitar. São Paulo: Annablume, 2009.

LATOUR, B. *Reagregando o social*: uma introdução à teoria do Ator-Rede. Salvador: EDUFBA, 2013.

LEVY, P. *A conexão planetária*. São Paulo: Editora 34, 2001.

_____. *Cibercultura*. São Paulo: Editora 34, 1999.

PARSONS, T. *La struttura dell'azione sociale*. Bolonha: Il Mulino, 1987.

FORMAÇÃO DE CULTURA CIDADÃ, COMUNICAÇÃO E ORGANIZAÇÕES NO SÉCULO 21

Antonio Roveda Hoyos

Não há novidade alguma em afirmar que o mundo deixou de ser uma figura exclusivamente geográfica e astronômica para se tornar um cenário extremamente complexo, entrelaçado, de múltiplas contradições, conflitos, incertezas, fraquezas e dúvidas. No entanto, essa contundente "verdade" categórica não nos liberta para expor algumas abordagens sobre as novas e imprevisíveis lógicas e dinâmicas que constituem as condições atuais e as relações políticas, econômicas, sociais e culturais, que, a cada momento, dão uma nova aparência a nosso planeta – que se tornou há milhares de anos e com grande dificuldade o "berço da vida" (MORIN, 1998) e que agora parece girar sem sentidos ou planos definidos.

Cada época carrega seus problemas e fenômenos sobre si, portanto distingue-se das demais por suas **características** e **dores próprias**, por seus atores e palcos, e, claro, por suas maneiras de resolver e assumir a realidade que a identifica e descreve em si mesma. Nesta época, de ebulição e conflito permanente, **as organizações, a comunicação e seus cidadãos** são problemas-conceito de dimensões universais e, por isso, estratégicos para compreender e assumir nossa atual realidade.

As **organizações**, por um lado, não foram apenas as gestoras e as responsáveis pela construção de uma nova ordem social, econômica e política que caracterizou o século 20, mas, também, os novos panoramas que constroem as dinâmicas mais complexas "do público e do privado", ao mesmo tempo que hoje classificam a globalização como os espaços ideais de integração dos "ocupados" e de validação das cidadanias/consumo.

Por sua vez, a **comunicação,** a mídia, as mensagens e as tecnologias não aparecem apenas como locais estratégicos e profundos dinamizadores da cultura e da construção e visibilidade dos poderes, das diferenças, das diversidades, dos acordos e conflitos, mas, ainda, como os "grandes protagonistas" do século 20 e dos espaços inevitáveis de construção do "social", do "público e privado", ao mesmo tempo. A comunicação, então, já não é só o **quarto** poder, mas o local onde vivem e se constroem os poderes, as decisões e as explicações da História. Enquanto **"o cidadão"**, pelo menos para a América Latina e algumas outras regiões do mundo, é assunto de vital relevância e de urgência imediata para poder salvar e proteger a cultura e as identidades de nossos povos. A construção de cidadãos plenos, sua formação e validação em direitos e deveres, constituem-se em necessidade iminente de civilidade, desenvolvimento e equidade.

As organizações, a comunicação e as cidadanias apresentam-se como categorias transversais, universais, complexas e definitivas para entender este século e sua dinâmica de mudança. Seu entendimento e sua aproximação às suas próprias lógicas de ação e reação são cada vez mais urgentes. Principalmente agora, quando existem transformações notáveis que identificam esta segunda década deste século e milênio.

O planeta é apresentado hoje com este cenário difícil para todos: uma profunda crise econômica e política; o aumento desenfreado da pobreza (também nos países tradicionalmente ricos); a fragilidade da economia e do sistema de produção, exportação e consumo na América do Norte e na União Europeia; o colapso inesperado na sequência das ditaduras e dos regimes de alguns países árabes; as novas esperanças econômicas e democráticas de algumas nações da América Latina (Brasil, Chile e Colômbia) perante cenários de dor, violência e pobreza extrema; a desenfreada dinâmica da produção e comercialização na China e na Índia, com todos os seus produtos e serviços a preços muito baixos e altíssimas cadeias de distribuição; a miséria da África; a sensível e progressiva deterioração do ambiente; as justas e crescentes marchas "dos indignados" mundiais; e o medo financeiro da Wall Street e do terrorismo global são alguns dos traços mais característicos deste século e, claro, dos desafios que deverão assumir as organizações, os Estados e os cidadãos do mundo. Isso significa que os **objetivos do milênio** são, igualmente, responsabilidade das organizações públicas, privadas e solidárias, bem como dos cidadãos, dos governos e dos Estados nacionais mundiais.

Dentro do imprevisível cenário mundial, outra dessas características específicas, altamente complexas e desafiadoras, por exemplo, encontra-se na nova reconstrução da geografia humana, representada pelo aumento crescente e sustentável da população mundial e sua concentração desenfreada de *habitat* urbano. Sete bilhões de seres humanos que, hoje, habitam o planeta constituem cifra impressionante e uma dura realidade que nos obriga a repensar os desafios e as responsabilidades da contemporaneidade e o próprio papel dos Estados e das organizações na formação de cidadãos ativos, partícipes, com plenos direitos sociais, econômicos, políticos e culturais.

Essa alarmante cifra e a desconcertante realidade de superpopulação mundial, sem dúvida, questionam todas as teorias, autores e previsões que fizemos sobre o futuro até agora. Desafiam, de maneira direta, todos os Estados do mundo que hoje, com grande dificuldade, no melhor dos casos, cumprem minimamente com a função e responsabilidade de construir e proteger os cidadãos nos direitos e deveres plenos.

O dificultoso panorama mundial deposita, de modo igual, um novo e crucial papel nas organizações como os novos cenários de construção do cidadão e de validação do público, acima dos interesses do breve e desmedido consumo regulado pelos setores privados nacionais e transnacionais.

As organizações, em seus conceitos lógicos peculiares e dinâmicos de vida, relação e produção, começaram, por conseguinte, a assumir o papel das **novas escolas** ou **escolas colaterais** na formação do **cidadão**, enquanto as instituições oficiais e formais das *democracias* se esgotaram no próprio modelo e na função basilar de erigir cultura-cidadã. O medo, sem dúvida, é que hoje construamos mais usuários do político e do econômico que cidadãos em exercício e liberdade da verdadeira **civilidade**.

Em consequência, a superpopulação mundial nos impõe atualmente um desafio no reordenamento do público e do político e na reconstrução dos tecidos cidadãos, que hoje exigem, de maneira imediata, novas e mais dinâmicas variedades de participação social. Os desafios não são simples para os Estados nacionais e para as organizações. Hoje, por exemplo, podemos encontrar cidades como Deli, na Índia, com mais de 24 milhões de habitantes; Cidade do México, no México, e Tóquio, no Japão, com cerca de 23 milhões de indivíduos; e a China, como o lar de um quinto da população mundial, com mais de 1,6 bilhão de pessoas.

De acordo com estimativas da Divisão de População das Nações Unidas (ONU) para o ano de 2045, a população da Terra excederá 9 bilhões de habitantes, e a hiperconcentração do ser humano nas cidades ou megacidades assumirá mais de 68% dessa população, o que acarretará o consequente e incontrolável dispêndio de energia, alimentos e água potável, recursos, resíduos, crime, poluição, gestão, governabilidade etc. O surpreendente sobre este crescimento é que, até o ano de 1930, a população do mundo não excedeu 2 bilhões de pessoas, e hoje chegamos com facilidade correlata aos 7 bilhões de seres humanos, que cada dia demandarão mais organizações, bens e oportunidades de participação, em que se destaquem direitos, deveres e formas de expressá-los.

Essas características difíceis, próprias da globalização, poderiam assumir vários olhares. Por um lado, a própria responsabilidade dos Estados-nação para resolvê-los e enfrentá-los. E, por outro, partindo do próprio papel das organizações como os novos dinamizadores da cultura, do consumo, da sociedade e de suas relações e interações de convivência.

Nesse sentido, talvez seja muito arriscado ou prematuro assinalar que estamos diante da "morte do Estado-nação", como foi observado por Giddens (2000), que afirma que esse modelo, próprio da modernidade, está chegando a seu fim, já que se tornou obsoleto e inoperante perante os desafios de construir um novo mundo e uma nova cultura. O que está claro, segundo Ortiz (2000), é que o processo da globalização-modernidade não se limita mais a desenvolver-se e estender-se exclusivamente dentro das fronteiras e funções dos Estados. O global atualmente também é vivido e revitalizado a cada instante em outros cenários, de dimensões planetárias, mais impactantes, como são do próprio consumo, da cultura, da mídia, das tecnologias, do comércio sem barreiras nem pontos centrais fisicamente identificáveis; nas organizações, nos bairros, nos shoppings, nas cidades e nos cidadãos. Diria, a este respeito, Cortina:

> O Estado nacional, responsável por garantir os direitos de segunda geração, deixou de ser o protagonista da vida política, porque a economia se globalizou, e apenas as unidades que ultrapassam os limites das fronteiras do país ou mundiais poderiam assumir responsabilidades deste tipo; coisa que não fazem, como se pode ver (CORTINA, 1997, p. 88).

Pelo que parece, as organizações, como estruturas vivas, dinâmicas e complexas, começam neste século a assumir novos desafios e até responsabilidades próprias e exclusivas dos Estados nacionais. Sua evidente incompetência, especialmente nos países com economias empobrecidas, obrigou organizações/empresas a assumirem as responsabilidades básicas e próprias que o Estado deixou de tomar para si, tais como saúde, emprego, habitação e educação para os habitantes. O capitalismo, neste sentido, sofreu enormes transformações de ordem quantitativa e qualitativa que superam os próprios Estados, principalmente os latino-americanos. Estamos diante, cada vez mais, de um verdadeiro enfraquecimento do Estado-nação em sua presença, ação e responsabilidades, incluídos os Estados supranacionais (União Europeia), que até poucas décadas atrás se destacavam pelo alto nível de bem-estar, garantia, qualidade e sustentabilidade do serviço a seus habitantes e cidadãos.

Por outro lado, entretanto, também presenciamos uma dinâmica crescente da participação e representação da sociedade civil e de suas organizações, que atualmente exigem mais espaço, ação e decisão que os escassos e obsoletos cenários que o próprio Estado-nação destinou para exercer a cidadania do século 21. Certos personagens e instituições, tradicionais das democracias, que desempenharam um papel fundamental na construção do Estado moderno no século 20, como são os partidos políticos, começaram a entrar em um real desgaste e em uma crise de representatividade e credibilidade diante do cidadão comum, que já não encontra nenhuma representação nas figuras dos "partidos políticos" nem nas instituições do Estado.

Os cidadãos não manifestam a mesma adesão e credibilidade diante das instituições políticas clássicas; mais ainda, muitas vezes expressam franca desconfiança com os organismos que antes disseram representá-los e englobá-los. Atualmente a expressão "do cidadão" e a concepção "do público" buscam outros espaços e cenários, independentemente dos mecanismos "oficialmente" estabelecidos pelas constituições nacionais. A ideia de legitimidade do cidadão e suas estratégias de participação hoje se expressam à parte, e demandam novos cenários que significam mais representatividade, como pode ser a organização, desde a produtiva, pública, de bairro, comunitária ou solidária até o estádio, o concerto, as igrejas, a internet, as manifestações na praça pública ou o protesto em cadeia em blogs, Twitter ou Facebook.

As novas narrativas, gêneros, formatos e expressões nascidas das multimídias e das tecnologias da informação e da comunicação se tornaram cada vez mais os locais de encontro do público, do político e do cidadão, que os limitados cenários antes tradicionais nas tardias democracias da América Latina. O diverso, o complexo e o plural atualmente se expressam mais facilmente em cenários virtuais que nos desgastados partidos políticos, que mudaram a ideologia pelo marketing. Poderíamos afirmar a este respeito que:

atualmente, a comunicação eletrônica, sobretudo de caráter interativo, facilitada pelo amplo desenvolvimento das redes informáticas e como plataforma técnica da globalização (que excede as categorias estritamente locais e nacionais), cria uma forma de espaço-região, não geográfica, onde muitas pessoas compartilham e vivem as mesmas experiências recebendo as mesmas mensagens, e onde se reconfiguram novas identidades mais voláteis e frágeis nos cenários virtuais. Não é que a identidade como tal necessite de espaço geográfico, físico e territorial exato, exclusivamente e para estabelecer-se, mas a ausência de territorialidades (espaço) e de temporalidades (tempo), característica essencial da comunicação condicionada e na rede, desconstrói as identidades territoriais e reconfigura constantemente novos sentidos autodefinidores mais comuns e frágeis, onde todos nos vemos representados e por ninguém ao mesmo tempo (ROVEDA, 2008, p. 6).

Esta virada de século propiciou a abertura e o reconhecimento **dos outros**, cenários não tradicionais de "fazer o político" e de validação "do público" e "do cidadão". Talvez aí esteja a chave e as duas perguntas angulares desta reflexão: onde se constrói o cidadão hoje? E qual é o papel das organizações, da comunicação, da mídia ou do Estado-nação neste trabalho? O mais nítido e visível é que atualmente há uma tendência acentuada para que a sociedade civil e o cidadão tenham maior participação na construção do público e do político, tenham maior capacidade para decidir seu futuro e seu presente.

A construção do cidadão

Os seres humanos livres, iguais, com direitos e responsabilidades, em contextos de equidade e com canais legítimos e legitimados de expressão e participação são, certamente, cidadãos na íntegra. No entanto, a questão fundamental é identificar como se constroem os espaços de liberdade e igualdade, nos quais a participação se destaque no respeito e reconhecimento **das alteridades.** Sem dúvida, apenas somos considerados "cidadãos" quando, simétrica e proporcionalmente, somos reconhecidos no outro e o outro em nós mesmos. A existência dos outros valida nossa própria existência. O cidadão é mais que a "tolerância" e o respeito do outro; é nosso reconhecimento nos demais, como indivíduos e atores essenciais para nossa vida social e política. Diria a este respeito Cortina (2002): "Um cidadão é alguém capaz de fazer a sua própria vida, mas com seus iguais."

> O cidadão tem dois lados fundamentais: fazer sua vida, não deixar outros fazerem, não ser servo nem escravo, mas não fazê-la sozinho, e sim na pólis, na cidade, com outros que não são mais nem menos do que ele, mas seus iguais (CORTINA, 2002, p. 132).

Essa premissa valida a condição cidadã da contemporaneidade. Isso significa que os habitantes do mundo reconhecem e constroem suas cidadanias em dois estados ideais: por um lado, onde se sintam reconhecidos como iguais, e, por outro, onde existam mais e melhores canais de expressão e participação para projetar o cível dentro do público. Estas condições constroem a cultura cidadã que, juntamente com o respeito pelos direitos e deveres, vai adquirindo valor maior no fortalecimento das democracias modernas no século 21.

Todavia, a pergunta é se o verdadeiramente "cidadão", como expressão e validação dos **outros e da alteridade**, é mais bem construído dos Estados-nação, das organizações ou das narrativas e imagens que produzem e reproduzem os meios de comunicação.

> A mídia leva a cenários mais próximos da simulação do que da representação, onde os tempos e espaços da cultura carecem de significado real e direto com a alteridade. Procura acordos universais (em estética e consumo), ignorando os convênios e os sentidos que são tecidos e construídos a partir do local. Distorce as identidades, convertendo-as em alegorias ou em notícias. É obcecada pela forma, pelo detalhe, pelo ornamento e pelas luzes. Reduz a questão das identidades à lógica do ligado e desligado; da montagem e da cenografia da "realidade". Mistura tudo, dissipa, fragmenta e se justapõe como uma grande "colagem" de razões. É eclética, taxativa, ambivalente, ambígua, de conotações soltas e ideias fragmentadas. Promove generalidades, teme as nuances e odeia as diferenças. A reflexão não é sua característica mais importante e o amadurecimento das ideias não tem nenhum senso histórico ou pedagógico. É redundante, grandiloquente e pomposa; produz medo e atração ao mesmo tempo. É rápida, lacônica, pré-concebida, no entanto, em suas imagens, sons e páginas tudo se encaixa de forma ordenada, também espalhada, como em uma grande feira de cultura, da alegria e do terror. Causa-nos vertigem, desequilíbrio e anarquia; mas, ao mesmo tempo, governa, decide, dá ordens, informa. Convida constantemente a "viver experiências", seu consumo o é em si. A mídia não ri de nós, zomba (ROVEDA, 2008, p. 9).

A consciência dos indivíduos, a cooperação pública e a responsabilidade social coletiva são valores essenciais no fortalecimento da cultura cidadã, construídos ou não dos meios de comunicação. O mais importante é compreender que a formação de cidadanias é condição e obrigação dos Estados e das organizações, assim como o "capital social" é requisito para a construção da comunidade, da sociedade e da cultura. Não há nenhuma cultura que valha a pena se não há cidadãos que dela participem.

O não cumprimento desse requisito significou que a grande maioria dos Estados-nação da América Latina não ganhou totalmente sua "legitimidade" social e política, inclusive dos próprios eleitores, uma vez que não foram e nem são os cenários ideais e plenos do exercício da liberdade, expressão, participação e equidade.

Não devemos esquecer que é graças às cidadanias que as sociedades de hoje conseguem se organizar e construir o poder e os canais necessários para fazer valer direitos e deveres no público. No entanto, para alcançar seu pleno desenvolvimento é indispensável reconhecer as estratégias e os cenários sobre os quais são construídas e validadas "as cidadanias", como conceito-valor que atualmente adquire novas dimensões e significados. O que está claro é que os habitantes das cidades e dos países em desenvolvimento hoje se sentem mais valorizados e reconhecidos nas organizações de bairro, comunitárias, sociais e até mesmo empresariais que no público "promovido" pelos Estados-nação. A informação/comunicação que recebe um cidadão de maneira direta das organizações/empresas é mais frequente, clara, objetiva, eficaz, considerável, oportuna e efetiva que a recebida dos Estados-nação, os quais apenas entram em contato com seus "cidadãos" no processo pré-eleitoral.

A formação do cidadão se torna, então, um desafio complexo e caro, que assume de maneira direta e com maior versatilidade a organização/empresa à qual pertencem as pessoas, que as políticas públicas e oficiais com seus mecanismos de pseudoparticipação. Há, portanto, uma indecifrável tensão entre os cidadãos que se sentem mais e mais bem representados (e valorizados) pelas organizações de que fazem parte que diante desses espaços e instituições oficiais e tradicionais promovidos pelos governos e pelos Estados, nos quais as pessoas não encontram os cenários ideais de expressão de suas cidadanias/identidades. O cidadão e o público vivem melhor em certas organizações/empresas, em que os direitos, deveres e solicitações das pessoas são levados em consideração mais facilmente, que nas instituições do Estado, que constantemente ignoram e negam aos contribuintes e eleitores a vida social e política de seu país. Talvez as culturas juvenis urbanas de Bogotá, de Buenos Aires ou do Rio de Janeiro, por exemplo, desfrutem bem mais a construção do público e do cidadão em um concerto de rock, em uma festa popular, em um bar noturno ou no Facebook, que na escola, na prefeitura ou nas campanhas de promoção de políticas públicas de "cultura cidadã", sempre promovidas por qualquer governo nacional.

Não podemos pensar, entretanto, que as "cidadanias plenas" em direitos e deveres são sempre construídas pelas organizações/empresas. Esse olhar inocente da organização, como espaço único e ideal das cidadanias, também não apresenta objetividade alguma e muito menos contribui ao debate. As perspectivas inocentes são tão daninhas quanto as mais radicais.

Devemos pensar igualmente que a organização/empresa também observa seus membros/pessoas como "sujeitos-objetos" de consumo. Situação essa que se parece muito a "do cidadão", principalmente nos países latino-americanos, onde nossa gente tem sido histórica e atavicamente contraditada em seus direitos, deveres e igualdades, a começar pelos diferentes governos e Estados. Portanto, qualquer cenário local, nacional ou virtual que ofereça aos nossos povos "reconhecimento de suas identidades", ainda que expresso em consumo ou serviços, facilmente pode ser confundido e assim parecer "ao cidadão". Nesse ponto, o consumo/serviço oferecido pela organização/empresa, que se manifesta na grande diversidade e facilidade de compra, uso ou aquisição, parece-se muito com ou simula a construção "do cidadão", e talvez até do público. Obviamente, perante alguns governos e Estados nacionais que pouco ou nada oferecem aos cidadãos, com facilidade, encontram-se substitutos mais versáteis e eficazes em oferecer consumos parecidos com cidadanias e cidadanias do consumo que aparentam ser o exercício do "público". Claro que para a América Latina pesa mais uma decisão do Bill Gates que do presidente dos Estados Unidos.

As organizações

A América Latina, certamente, tem uma dívida histórica de pleno reconhecimento e profundo apreço das **organizações** que têm se estabelecido e que contribuíram para o desenvolvimento e a construção do tecido social, político e cidadão de suas nações. Tal reconhecimento está codificado na validação de dois conceitos fundamentais na concepção do cidadão e do público: participação e expressão. Essas duas características, típicas das organizações, principalmente as comunitárias, de bairro e locais, têm se movido lentamente para muitas organizações ou empresas privadas, nacionais ou transnacionais, que perceberam que uma organização é um sistema não linear, complexo e divergente, de conflito e de processos e fractais que a tornam um organismo vivo, mutável, dinâmico e adaptável.

Essa negligência do valor das "organizações" na história e na sociologia das organizações, tais como os cenários ideais e essenciais do social, do público e do cidadão, deve-se, entre outros fatores, a um "erro epistemológico" que se tem verificado na América Latina e que é frequentemente observado nos discursos e nas apresentações dos "especialistas", e nos textos, nos trabalhos e nas pesquisas mais significativas sobre "comunicação organizacional".

O equívoco conceitual encontra-se na evidente confusão de considerar, de maneira frequente, as empresas como organizações e de negar, sistematicamente, a categoria de organização às comunidades locais e de bairros, de caráter solidário ou simplesmente social. A literatura sobre o assunto tornou sinônimos o conceito de "empresa" e "organização", desconhecendo suas distinções de forma e substância e se esquecendo, de passagem, que, antes das empresas de produção e do próprio Estado nacional, o mundo nasceu de organizações sociais, com melhor espaço e estratégia humana para construir comunidade, convivência, sentido e cultura.

A **participação** e a **expressão**, como traços característicos das cidadanias e "do público", convertem-se, então, nos eixos estratégicos de relacionamento e interação entre os membros que constituem a organização, e, ao mesmo tempo, na mesma lógica de relação entre a organização e no contexto que o demarca, demanda e exige. Essa dupla relação, dialética, de aprendizagem mútua é, sem dúvida, o valor real de uma organização, que hoje denomina-se "responsabilidade social".

A revisão da literatura acadêmica e científica que recolhe as teorias das organizações está seriamente marcada por uma clara focagem do *New Scientific Management* ou da nova ciência, ou ciência do gerenciamento e dos negócios, de corte comportamental, neoliberal e pragmático. As "organizações" têm sucumbido também, à mesma perspectiva e leitura feita pelas "empresas", a exemplo de renomadas faculdades de Administração nos Estados Unidos e no Reino Unido, as quais consideraram que a Economia não é uma ciência social e que a Administração e as Engenharias representam o paradigma do desenvolvimento local, nacional e planetário. A organização é desenvolvimento quando diretamente associada ao conceito de "empresa", e não quando reconhecida como cenários de coexistência, de superação da pobreza e da validação dos direitos de cidadania.

É possível, então, inferir que nos encontramos diante de alguns Estados mundiais em crise e que, perante as organizações privadas, solidárias, sociais etc., crescentes, vivas e dinâmicas, é muito fácil supor que os jovens que estão habitando o planeta, e os que em breve o habitarão, encontrarão mais segurança, respaldo, representatividade, expressão e participação na relação-ação direta com as organizações que validam e vivificam suas identidades cidadãs – embora ligadas profundamente ao consumo –, que é o que pode ser entregue e representado pelas políticas públicas de um Estado tolo e desinteressado.

Referências

AUGÉ, M. *Lo no lugares*. Espacios del anonimato. Barcelona: Gedisa, 2002.

CORTINA, A. *Ciudadanos del mundo*: hacia una teoría de la ciudadanía. Madri: Alianza Editores, 1997.

_____. *La ética de la sociedad civil*. 4. ed. Madri: Alauda Anaya, 2002.

ECO, U. *Apocalípticos e integrados ante la cultura de masas*. Barcelona: Lumen, 1973.

GEERTZ, C. *La interpretación de las culturas*. Barcelona: Gedisa, 1992.

GIDDENS, A. *Il Mundo che cambia*. Come la globalizacione redisegna la nostra vita. Bolonha: Societá Editriceil Mulino, 2000.

KAHN, J. S. *El concepto de cultura*: textos fundamentales. Barcelona: Anagrama, 1976.

LINTON, R. Estudio del hombre. México: Fondo de Cultura Económica, 1976.

MARTÍN SERRANO, M. *Teorías de la comunicación*. La comunicación, la vida y la sociedad. Madri: McGraw-Hill, 2007.

MORIN, E. *Tierra Patria*. México: Nueva Visión, 1998.

ORTIZ, R. América Latina. De la modernidad incompleta a la modernidad – mundo. In: *Nueva sociedad*, p. 44-66, n.166, 2000. Disponível em: <http://www.nuso.org/upload/articulos/2838_1.pdf>. Acesso em: 07 maio 2014.

ROVEDA, H. A. Identidades locales, lenguajes y medios de comunicación: entre búsquedas, lógicas y tensiones. In: *Signo y Pensamiento*. 53. ed. v. XXVII, 2008. Facultad de Comunicación y Lenguaje de la Pontificia Universidad Javeriana, Bogotá, Colombia. Disponível em: <http://revistas.javeriana.edu.co/index.php/signoypensamiento/article/view/3725/3521>. Acesso em: 18 fev. 2014.

UNESCO. *Objetivos de desarrollo del Milenio*, 2008. Disponível em: <http://www.un.org/es/millenniumgoals/pdf/MDG_Report_2008_SPANISH.pdf>. Acesso em: 8 abr. 2014.

SOCIEDADE, COMUNIDADE E INDIVÍDUO: AS ORGANIZAÇÕES PERANTE O DESAFIO ÉTICO E MORAL DA COMUNICAÇÃO DOS MEDIA

João Pissarra Esteves

Comunicação-cultura-sociedade: uma alternativa ao mediacentrismo

Para as organizações, de modo geral, as questões éticas e morais da comunicação dos *media* impõem-se no presente como um importante desafio. As tentativas de resposta mais comuns a esse têm-se revelado, porém, bastante decepcionantes, em resultado de uma visão equívoca quanto ao papel dos *media* na sociedade – referimo-nos ao chamado mediacentrismo, derivação da teoria geral dos *media*, cujo âmbito alcança também a dimensão normativa da comunicação (HESMONDHALGH; TOYNBEE, 2008, p. 6 e seguintes). Os erros mais comuns dessa teoria consistem na visão dos problemas em questão absolutamente circunscrita aos *media* e, em conformidade, uma percepção muito fragmentada do fenômeno geral da comunicação – os *media* em si mesmos como uma esfera própria, isolada da cultura e da sociedade (da ação e da comunicação humanas em sentido amplo). Esse tipo de paroquialismo teórico, que faz dos *media* o alfa e o ômega de todo o restante, acaba por operar uma desarticulação dos *media* de sua própria base de constituição (a tríade sociedade-cultura-comunicação) e tornar-se, assim, uma potencial fonte de problemas funcionais para as organizações de modo geral, podendo até, em casos limite, chegar a constituir-se como ameaça para a própria vida das organizações.

A diversidade das organizações é hoje enorme e seu alinhamento aos processos de comunicação pode ser, também, muito variável, mas nem por isso é menos necessário um esclarecimento de suas referências éticas e morais. Para início de nossa discussão, vamos nos deter à seguinte ideia: "existe uma continuidade entre a comunicação cotidiana com os outros e a comunicação de massa – desenvolvemos e utilizamos, em geral, o mesmo conjunto de *frames* para interpretar tanto os encontros sociais cotidianos como os conteúdos dos *media*" (DAVIS; BARAN, 1981, p. 83-84). Seu corolário imediato é o seguinte: a regulação dos processos de comunicação em geral das organizações é definida pela intercompreensão linguística – uma forma de comunicação organizada em torno da linguagem, sendo esta concebida como o *medium* propriamente dito de constituição quer dos indivíduos, quer da sociedade.

Resulta, então, de maneira mais ou menos imediata, a necessidade de as organizações assumirem um conceito problematizante de comunicação: em alternativa a um ponto de vista eminentemente descritivo e objetivante, a comunicação exige da nossa parte uma perspectiva crítica, que deve começar por equacionar as possibilidades de constituição da própria comunicação uma

> abordagem da comunicação já não como fenômeno, mas como problema, de modo assim a deixar de se procurar um conceito que se ajuste o melhor possível a todos os dados, para começar antes por questionar se a comunicação será mesmo possível, o que desde logo permite pôr em relevo uma série de problemas e dificuldades que a própria comunicação deve superar para chegar a produzir-se (LUHMANN, 1981, p. 137).

Se aceitarmos a ética e a moral como atributos próprios, por assim dizer, da comunicação (constituída intercompreensivamente), o desafio para as organizações diz respeito a seu modo de inscrição na teia complexa dos processos simbólicos envolventes (midiáticos e não só), para que uma efetivação dessa mesma comunicação realmente aconteça. Que critérios (processos etc.) de funcionamento das organizações podem favorecer uma estruturação linguística e intercompreensiva das formas simbólicas em geral a sua disposição?

Cultura e *media*: um circuito com dois sentidos

A posição das organizações em relação aos *media* (de maior distanciamento ou proximidade) condiciona a forma que, para elas, assume o problema (ético e moral) de suas próprias possibilidades comunicacionais. A situação das organizações sociais hegemônicas (ou que aspiram a esse estatuto) quanto ao funcionamento dos *media* quase nunca é inocente; seu lugar situa-se nessa ampla esfera dos "outros", a que se refere Couldry, que, a coberto da "independência dos *media*", pretendem de fato "tornar ilegítimo qualquer escrutínio ético e moral realizado a partir do exterior, em especial por parte dos próprios cidadãos" (COULDRY, 2006, p. 101). Seja nesta posição, seja em outra (de menor controle dos *media*), as organizações não têm como contornar os problemas ético e morais com que se deparam na comunicação pública e cuja forma, como houve oportunidade de equacionar em outra ocasião, é a de certa descontinuidade entre as mediações simbólicas dos *media* e a prática comunicacional propriamente dita, processada sob aspectos intercompreensivos (ESTEVES, 2009, p. 570-71).

A formulação e a resposta a esse problema exigem um afastamento do mediacentrismo anteriormente citado: um olhar sobre o universo da cultura em que os *media* operam e uma compreensão não determinística dessa mesma cultura, para que dela se possa discernir um conceito contrafatual de comunicação capaz de mobilizar um conjunto de (novos) recursos que possibilitem às organizações uma inversão reparadora de sua presente situação. A relação *media*-cultura desenvolve-se em um circuito de duplo sentido, com influências e condicionamentos recíprocos; os problemas éticos e morais têm sua origem em algum nó deste entrelaçamento, mas é também a esse nível que uma resposta propriamente comunicacional aos problemas em questão deve ser buscada.

A singularidade maior do atual universo da cultura reside nos próprios *media*. Para a nossa discussão importa o fato de os *media* se apresentarem, cada vez mais, como um poderoso aparato tecnológico de caráter institucional. Relevante também é estar atento à estrutura espaçotemporal da cultura midiática de nossos dias, que veio permitir uma dissociação (no tempo e no espaço) praticamente ilimitada das diferentes entidades envolvidas no processamento das formas simbólicas. Esse conjunto de características contribui para um processo de comunicação tendencialmente assimétrico: não apenas no afastamento físico dos planos de produção e recepção, mas sobretudo na incomensurabilidade de recursos próprios a cada um desses. É inexorável o desequilíbrio da comunicação resultante, assumindo esta uma forma crescentemente tecnicizada, sob métodos de gestão e controle mais planificados, racionalizados e calculistas. Sabemos como a inscrição das organizações nesta cultura midiática é complexa, mas também crítica ética e moralmente – com maior distanciamento em face da cultura dos *media*, as organizações serão muito provavelmente um alvo de distorções éticas e morais; por outro lado, com maior proximidade, as próprias poderão assumir-se como fonte dessas distorções.

Ambivalências desse tipo são comuns à cultura midiática, sendo talvez uma de suas formas mais paroxísticas aquela que envolve uma resposta aos problemas aqui em discussão. Isso porque se verifica uma coincidência de contextos na origem dos problemas e na possibilidade de resposta aos mesmos, e, em ambos os casos, deparamo-nos com a cultura dos *media*, ainda que os recursos em questão sejam distintos. Quanto à origem dos problemas, foram identificados alguns fatores, do lado das respostas podemos agora considerar o fato, por exemplo, de hoje nossa cultura proporcionar possibilidades de circulação dos bens praticamente ilimitadas (pela capacidade extraordinária de os *media* estenderem suas formas simbólicas no tempo e no espaço). As oportunidades de avaliação dos enunciados e discursos ampliam-se assim extraordinariamente; motivo pelo qual a hipótese de certa intensificação e densificação das redes de comunicações públicas deve ser equacionada, o que em si constitui um fator potencialmente positivo quanto à resposta aos problemas éticos e morais identificados.

Limites ao poder dos *media* (interação)

Em um ambiente muito complexo e pleno de ambivalências, pensar em qualquer receituário para os problemas ético-morais de comunicação dos *media* com que as organizações se deparem parece pouco credível – seja esta ideia inspirada na lógica mediacêntrica referida ou em outra até mesmo supostamente crítica. É esse o caso, por exemplo, de Pearson, com sua formulação de "um imperativo ético para as relações públicas" (1989a, p. 127), ou, mais genericamente, das condições de possibilidade de umas relações públicas éticas (1989b); assim como outras tentativas de aplicação da teoria moral habermasiana à situação da comunicação organizacional (LEEPER, 1996; MEISENBACH, 2006). Aqui é proposto algo consideravelmente diferente: um simples exercício exploratório, quase a título propedêutico, sobre uma saída para o impasse comunicacional que as organizações enfrentam, confiando "apenas" na possibilidade de construir um saber básico sobre comunicação (e os *media*) – um saber útil, porém, capaz de proporcionar às organizações um questionamento de suas próprias rotinas de funcionamento (em que as patologias da comunicação se encontram profundamente enraizadas).

A preferência vai, assim, para a maior proximidade ao trabalho comunicacional das organizações em situações comuns: quando os membros das organizações (e seus profissionais de relações públicas) são postos em contato com públicos-alvo diferenciados, e, de parte a parte, se impõe a orientação para uma comunicação de caráter (inter)compreensivo. A referência ao modelo COPR (*Consensus-Oriented Public Relations*) é aqui bastante óbvia: um modelo de planejamento e avaliação de relações públicas que tem como propósito promover um ordenamento ético e moral das ações comunicacionais próprias das organizações (BURKART, 2004; 2007).

A compreensão das organizações no contexto da tríade Comunicação-Cultura-Sociedade leva a considerar seu envolvimento com os *media*, tendo como referência a linguagem; entendida de acordo com o modelo de órganon, que prevê uma diferenciação de funções e dimensões (sintática, semântica e pragmática), bem como ainda uma compreensão desta mesma linguagem (na forma de discurso) indissociável da ação (BÜHLER, 1979, p. 48-49). A ligação estreita da linguagem (e a dos *media*, por conseguinte) com a vida e as pessoas é a lição a ser aprendida; para as organizações fica a ideia de que o reordenamento ético e moral de suas redes de comunicação deve ser alcançado tendo como referência, justamente, as pessoas e seus mundos de vida concretos. Os *media* como marco cultural do mundo moderno obedecem a tais termos, abrindo, assim, espaço a um aproveitamento muito amplo da totalidade de seus potenciais de inovação (McLUHAN, 1979, p. 90-93).

A possibilidade de a comunicação dos *media* resgatar os quadros de referência da comunicação convencional decorre de seu potencial de interação. Pensamos aqui em uma interação orientada para formas de coordenação coletiva da ação, entre as organizações e seus diversos *stakeholders*, por meio de processos discursivos de ordem explicativa, teórica ou prática – envolvendo afirmações (explicativas), interpretações ou justificações sobre algum aspecto em particular do mundo envolvente. Thompson refere-se a uma "quase-interação mediatizada" e identifica a assimetria estrutural e a unidirecionalidade como suas diferenças fundamentais em relação à interação comum (1995, p. 87 e seguintes); é possível ainda acrescentar a capacidade excepcional dos *media* de produção de simulacros (para obter uma crítica do ponto de vista pós-modernista, consulte KELLNER; BEST, 1988, p. 60-65). Esse importante conjunto de características aponta em uma direção: poder, autoridade, dominação – por parte dos *media* e daqueles que os controlam (direta ou indiretamente). Esses são, pelo motivo citado, um foco potencial de perturbações éticas e morais da comunicação, como há muito os diagnósticos apocalípticos mais radicais vêm evidenciando. No entanto, o que quase sempre esse tipo de análises tende a ignorar é a ambivalência peculiar aos *media* – as características referidas coexistem com outras de sentido diverso, que, na prática, acabam por viabilizar uma interpelação ética e moral dos próprios *media*.

O poder que se agrega aos *media* é apenas uma das faces de sua comunicação. A outra é atribuída, por exemplo, pela extrema vulnerabilidade desse mesmo lugar de poder – uma enorme (sobre)exposição reduz drasticamente suas margens de segurança (por comparação a outras situações de comunicação). Um risco que, como sabemos, nem sempre é devidamente calculado pelas organizações; em especial quando essas se lançam em estratégias mais ousadas de controle dos *media*, que, por vezes, terminam em situações desconfortáveis de censura pública, as quais os *media* não conseguem neutralizar, mas, ao contrário, acabam por potenciar.

Limites ao poder dos *media* (recepção)

A ideia de um poder irrestrito dos *media* é também contrariada pelo lado da recepção. A capacidade de resposta é uma prerrogativa irrevogável dos receptores – mesmo em situações de aparente unidirecionalidade. Os *media* operam com base em "mapas de sentido" ideologicamente marcados, mas somente se pode falar de um sentido "dominante, e não 'determinado', pois é sempre possível ordenar, classificar, estabelecer e descodificar um acontecimento a partir de mais do que um 'mapeamento'" (HALL, 1999, p. 57). Não existe a possibilidade de contenção dos múltiplos fluxos de sentido e novos "mapeamentos da realidade social" são sempre possíveis.

Na linha de argumentação desenvolvida, importa aqui realçar a convicção em uma reorientação virtuosa dos *media* (ética e moralmente), em função de sua própria vinculação primordial ao universo simbólico da experiência – por mais poderosa que seja a ação colonizadora exercida a este nível pelos *media* funcionais (o dinheiro e o poder). Tal possibilidade é suportada pelo lado dos receptores, mas nem sempre as organizações se encontram nessa posição, uma vez que lhes cabe antecipar o poder de seus públicos – somente assim poderão com esses chegar a estabelecer um relacionamento comunicacional construtivo. Para as organizações, a possibilidade de resposta ao desafio ético e moral da comunicação passa pelo reequacionamento de sua própria posição no ecossistema global de relações sociais (com atores, individuais e coletivos, muito diversos). E embora, nesse âmbito, a referência aos mundos de vida cotidianos seja obrigatória, o desafio passa, sobretudo pela inovação e por um horizonte de futuro (e não tanto pela replicação das rotinas estabelecidas).

A pesquisa social tem evidenciado, de modo muito decisivo, que os interlocutores não são entidades passivas. De suas próprias redes de comunicação (paralelas, anteriores e muitas vezes concorrentes aos *media*), os sujeitos desenvolvem estratégias próprias (e diferenciadas) de interpretação do sentido. Uma recepção disciplinada ("domesticada") não deve ser excluída, mas esta não passa de mais uma possibilidade: desde a (mais radical) rejeição de dado sentido concebido à (mais comum) negociação desse mesmo sentido (HALL, 1999, p. 59-61). O recorte ético e moral da comunicação dos *media* não é dissociável de uma "política da significação", estabelecida no contexto de "lutas simbólicas" em torno da definição dos sentidos sociais dominantes, mas nunca de forma fechada à esfera interna dos *media*. Esse recorte somente pode ser definido na articulação da comunicação dos *media* com a comunicação comum (da experiência simbólica cotidiana), com um potencial de valorização de ambos os processos – sem perder de vista, no entanto, que outras (des)articulações são também possíveis (inclusive o reforço de uma posição autoritária dos *media* e seu maior afastamento das formas de linguagem comum).

O modelo COPR enfatiza tal aspecto. A importância dos consensos no âmbito organizacional (e de relações públicas) não é hoje, certamente, uma novidade, mas quase nunca a posição do(s) público(s) é levada muito a sério, sendo isso, precisamente, o que este modelo pretende corrigir: a sua hipótese de trabalho assenta na ideia de um público que assume uma atitude crítica, ou seja, um consenso construído sob uma base intercompreensiva (por oposição aos pseudoconsensos obtidos por imposição). Como explica Bukart (2007), este potencial crítico do público é tanto mais provável quanto o fato de a interação com as organizações configurar situações de conflitualidade; os discursos e as mensagens das organizações são, no caso, alvo de um exame mais rigoroso quanto a seus critérios de verdade (das informações veiculadas), da confiança transmitida pela organização (e seus profissionais) e de legitimidade dos interesses defendidos. As organizações devem, por esse motivo, ser especialmente cuidadosas a "procurar que o público compreenda as suas posições", o que deixa mais evidente a "importância que a compreensão [e a comunicação] assume no processo de gestão das relações públicas" (BUKART, 2007, p. 250). Claro que o consenso é aqui, antes de mais, uma ideia norteadora: uma referência (e não tanto um objetivo específico) para os desempenhos comunicacionais das organizações. Somente nesse estatuto – de potencial a realizar – o consenso se pode assumir como elemento-chave de ações de planejamento e de avaliação de relações públicas.

Organizações e cidadania

A rápida disseminação de sofisticados dispositivos tecnológicos situou os *media* em uma posição de grande relevo social: hoje eles cumprem uma função de "gestão da cultura, tanto em nível da esfera privada como do espaço público, transformando não apenas as relações entre uma e o outro, como alterando também as representações que deles fazemos" (TREMBLAY, 1990, p. 77). A esse propósito, Ferry refere-se a um duplo aprofundamento (vertical e horizontal) dos processos de comunicação pública (1989, p. 21-22). Além da subversão, por assim dizer, das categorias tradicionais de público e privado, os *media* acabam ainda por impor uma terceira categoria, a dos acontecimentos midiáticos, que pode até sobrepor-se às anteriores. Será ainda possível continuar a garantir uma concatenação comunicacional desta pluralidade de recursos simbólicos?

Para as organizações, a resposta a essa pergunta exige um posicionamento: (1) no contexto da sua rede de interações; e (2) em face da totalidade dos recursos comunicacionais disponíveis. A tipificação de hipóteses deve aqui ser estabelecida em termos ideais: a um nível inferior (do lado dos problemas éticos e morais), a comunicação dos *media* que se fecha em uma recepção solipsista e que tende a desligar-se das demais formas de comunicação, a um nível superior (no que se refere a resposta aos problemas), uma apropriação da comunicação dos *media* pela experiência cotidiana (no contexto das práticas simbólicas convencionais e em um processo de fluidificação do discurso público). Trata-se de casos limite que devem ser considerados como ideais-tipo, uma vez que tipificam de forma sugestiva desafios concretos com que as organizações todos os dias se deparam. O primeiro caso corresponde ao colapso ético e moral da comunicação, o segundo representa uma idealização normativa superior do discurso público. Nenhum desses casos, provavelmente, chegará alguma vez a tornar-se real, mas nem por isso deixam de delimitar o espaço imaginário no qual se desenrola a vida propriamente dita das organizações – e em que residem os desafios da comunicação.

A complexidade do universo das organizações recomenda prudência nos exercícios de generalização. No que se refere à comunicação e aos *media* nas organizações, a lógica dos interesses não pode também ser ignorada – motivo por que nosso olhar crítico aqui se fixa mais atentamente no mediacentrismo. A dimensão ideológica é evidente em dois aspectos centrais: a hiperbolização da tecnicidade dos *media* e a insularidade dos processos comunicacionais correspondentes. Duas ideias em torno das quais se produz uma espécie de teia, na qual as questões éticas e morais da comunicação são alvo de uma opacificação. Insistir em uma visão da comunicação dos *media* como pura tecnicidade, ou na ideia de que essa comunicação tem existência por si, é ignorar o essencial e confundir a causa e solução dos problemas ético-morais dos *media*. A alternativa passa por um compromisso das organizações com as questões da ética e da moral (da comunicação e dos *media*), mas essas são consideradas questões "propriamente públicas, que dizem respeito a instituições que fazem parte do tecido da vida pública, questões que nesse sentido são mais da esfera própria dos cidadãos do que dos profissionais dos *media* [ou das organizações]" (COULDRY, 2006, p. 102).

Com a ideia de "medialização extensiva" (*extended mediazation*), Thompson (1992, p. 244) enfatiza o reprocessamento simbólico a que as mensagens e os discursos dos *media* permanentemente se submetem. Essa mesma ideia serve-nos para fundamentar a generalização de um interesse comum de esclarecimento no que diz respeito à relação das organizações com os *media*; objetivo a que, modestamente, nos propusemos neste capítulo. Assumimos um registro eminentemente teórico, mas definido de forma muito intencional: não a teoria como exercício de autocomplacência, mas um ponto de partida para uma discussão mais aberta sobre os problemas da comunicação dos *media*. Uma discussão crucial para as organizações e para a qual estas palavras de Couldry são profundamente inspiradoras (em resposta à pergunta "onde deve ser realizado o debate da ética dos *media*?"):

> pelo fato de se começar com uma discussão teórica, em virtude da dificuldade e do profundo silêncio que durante tanto tempo envolveu estas matérias, não significa que a ética dos *media* possa ser confinada à teoria (...); o papel da teoria é apenas encontrar um caminho – discretamente, persistentemente, contra um certo número de com-

plexas resistências – para começar a falar, para quebrar o silêncio e abrir uma conversação na qual todos os cidadãos possam ser livres de participar (COULDRY, 2006, p. 140-141).

Considerações finais

Em um exercício como este sobre organizações, não haverá por aqui política a mais? Não, apenas a necessária para um desafio de cidadania a que as organizações não são alheias. Falamos de política em um sentido amplo do termo, mais propriamente de democracia entendida como verdadeira forma de vida – "o processo democrático pleno" (WILLIAMS, 1958, p. 333). A ética e a moral dos *media* têm em si um apelo de cidadania que corresponde ao reconhecimento de que "cada um de nós, individualmente ou em grupo, pode contribuir para o processo dos *media* e ter um envolvimento nos danos e benefícios que esses produzem, bem como no grau de seus mais elevados padrões éticos" (COULDRY, 2006, p. 135). Existe, por vezes, a tentação, demasiado simplista, de equacionar em oposição cidadãos e organizações; hoje em dia, porém, somos interpelados civicamente não apenas em âmbito individual, mas também (e, sobretudo) como participantes de unidades sociais mais amplas – as organizações em suas mais variadas formas. Isso significa que uma transformação da comunicação pública, mesmo podendo vir do exterior dos *media* e das organizações, não tem necessariamente de se realizar contra estes: os *media* (e as organizações) são também constituídos por indivíduos; sujeitos para quem a não alienação de sua condição de cidadania deve ser levada muito a sério.

Esse é um tópico crucial de diferenciação do COPR como modelo de planejamento e de avaliação de relações públicas. Está fora de seu horizonte a hipótese de uma "fabricação" do consenso, na medida em que este somente é aceitável enquanto entendimento recíproco – uma forma aberta de fixação do sentido, não imposta, nem extorquida aos públicos em troca de qualquer lealdade irrefletida, mas que "apenas pode surgir entre as pessoas envolvidas quando o processo de entendimento é conduzido de uma forma eficaz" (BUKART, 2007, p. 253). Se os problemas éticos e morais da comunicação nascem do relacionamento das próprias organizações com seus públicos, significa então que a resposta a esses problemas quase sempre exige algum reequilíbrio de forças nessa relação. Em outras palavras, um *empowerment* dos públicos, ao qual, todavia, as organizações não são indiferentes, pois, no final, não deixarão também de se apresentar como suas diretas beneficiárias, na medida em que qualquer situação de tensão ética e moral deste tipo é sempre potencialmente muito perigosa. A abertura à cidadania passa, então, por este reequilíbrio de forças: "as empresas e os seus *managers* comunicacionais têm de tomar em consideração a necessidade de diálogo e de discurso por parte do público, em especial quando este se sente condicionado ou ameaçado pelas empresas (pelos seus interesses ou planos); nestes casos é para as empresas quase uma obrigação comunicar com os seus *stakeholders* descontentes – sem reservas de princípios éticos e de regras morais; (... as empresas, na verdade,) 'são forçadas' a comunicar nos termos acima referidos" (BUKART, 2007).

Recordemos o sentido cívico mais amplo que subjaz ao modelo COPR e decorre da filosofia política (habermasiana), sua inspiradora: "pôr em evidência caminhos que permitam uma substituição da violência pelo consenso racional de cidadãos responsáveis, como meio para a resolução de conflitos sociais" (BUKART, 2007, p. 254). E não esqueçamos também que nossa intenção neste capítulo foi equacionar este superior objetivo na base de um compromisso ético e moral não substancialista das organizações com a comunicação. Assim, o que se pretende não é uma imposição de valores (normas ou regras), mas, sim, preservar as condições (procedimentais) capazes de garantir uma discussão leal sobre valores – para que um ordenamento normativo da vida (individual e coletiva) seja de fato possível. Esse é o trilho da tal política (e democracia) em sentido pleno, cujo significado irrevogável para as organizações é de um compromisso com a ética da comunicação enquanto "processo aberto de reflexão sobre a melhor forma de agir em prol de uma vida melhor" (COULDRY, 2006, p. 102).

Referências

BÜHLER, K. *Teoría del linguaje*. Madri: Alianza, 1979. (original 1934).

BURKART, R. Consensus-oriented public relations (COPR): a conception for planning and evaluation of public relations. In: RULER, B. V.; VERCIC, D. (eds.). *Public relations in Europe*: a nation-by-nation introduction to public relations theory and practice. Berlim/Nova York: Mouton De Gruyter, 2004. p. 446-52.

_____. On Jürgen Habermas and public relations. *Public Relations Review*, v. 33, n. 3, p. 249-54, 2007.

COULDRY, N. *Listening beyond the echoes*: media, ethics, and agency in an uncertain world. Londres: Paradigm Publishers, 2006.

DAVIS, D. K.; BARAN, S. J. *Mass communication and everyday life*: a perspective on theory and effects. Belmont, CA: Wadsworth Publishing Company, 1981.

ESTEVES, J. P. Os media modernos à luz de uma ética da comunicação. In: GODINHO, P.; BASTOS, S. P.; FONSECA, I. (coords.). *Jorge Crespo*: estudos em homenagem. Castro Verde: 100luz, 2009.

FERRY, J.-M. Les transformations de la publicité politique. *Hermès*, n. 4, p. 15-26, 1989.

HALL, S. Encoding/Decoding. In: MARRIS, P.; THORNHAM, S. (eds.). *Media studies*: a reader. Edinburgh: Edinburgh University Press, 1999. (original 1980). p. 51-61.

HESMONDHALGH, D.; TOYNBEE, J. *The media and social theory*. Londres: Routledge, 2008.

KELLNER, D.; BEST, S. Watching television: limitations of post-modernism. *Science as Culture*, n. 4, p. 44-70, 1988.

LEEPER, R. V. Moral objectivity, Jürgen Habermas's discourse ethics, and public relations. *Public Relations Review*, v. 22, n. 2, p. 133-50, 1996.

LUHMANN, N. La improbabilidad de la comunicación. *Revista Internacional de Ciencias Sociales*, v. 33, n. 1, p. 136-47, 1981.

McLUHAN, M. *La galaxie Gutenberg*. Paris: Gallimard, 1979. (original 1962).

MEISENBACH, R. J. Habermas's discourse ethics and principle of universalization as a moral framework for organizational communication. *Management Communication Quarterly*, v. 20, n. 1, p. 39-62, 2006.

PEARSON, R. Business ethics as communication ethics: public relations practice and the idea of dialogue. In: BOTAN, C. H.; HAZELTON Jr., V. (eds.). *Public relations theory*. Hillsdale, NJ: Lawrence Erlbaum Associates, 1989a. p. 111-31.

_____. Beyond ethical relativism in public relations: co-orientaetion, roles and the idea of communication symmetry. In: GRUNIG, J. E.; GRUNIG, L. A. (eds.). *Public relations research annual*. Hillsdale, NJ: Lawrence Erlbaum Associates, 1989b. v. 1, p. 67-86.

THOMPSON, J. B. *Ideology and modern culture*. Cambridge: Polity Press, 1992.

_____. *The media and modernity*: a social theory of the media. Cambridge: Polity Press, 1995.

TREMBLAY, G. Les medias entre la sphère privée et l'espace publique. In: MIÈGE, B. (org.). *Médias et communication en Europe*. Grenoble: PUG, 1990. p. 68-77.

WILLIAMS, R. *Culture and society*. Londres: The Hogarth Press, 1993. (original 1958).

A CULTURA E O PODER NA RELAÇÃO ENTRE ORGANIZAÇÕES E COMUNIDADES: ASPECTOS REVELADORES

Márcio Simeone Henriques

O projeto das grandes empresas capitalistas modernas é sempre desafiado pelo que acontece fora de seu ambiente privado. Ao olharem por cima de seus muros, o que as organizações veem? As grandes corporações, inseridas em um ambiente global de competição, veem o mundo inteiro. O planeta é seu ambiente. Seu olhar de longo alcance, auxiliado por seus muitos telescópios, muitas vezes distrai sua atenção para o que acontece bem ali, no que é visível a olho nu: em sua vizinhança. Nessa parte mais delimitada e microscópica do mundo se encontra todo um mundo, ou melhor, um microcosmo, que realiza intercâmbios diretos com a organização, seja porque dali a empresa retira força de trabalho e muitos outros insumos, seja porque suas atividades causam impactos muito imediatos na vida da localidade – tanto positivos quanto negativos.

Na literatura de relações públicas, o chamado relacionamento com a comunidade pode se referir ao nível macro ou ao microscópico. Encontramos tanto uma referência à comunidade como todo o conjunto de públicos externos ou mesmo toda uma nação, quanto a esses mundos que habitam o ambiente próximo da vizinhança ou do entorno. Nos últimos tempos, este segundo significado tem sido mais corrente e mais desafiador, talvez movido pelos imperativos da responsabilidade social empresarial e pela pressão das questões ambientais. Nesse cenário, a comunidade tende a ser vista como um público específico, especialmente definido no que se refere ao alcance desse relacionamento próximo.

O desafio aí se torna enorme: este público não pode ser compreendido pelos mesmos dispositivos com que se busca entender todos os demais. Por outro lado, sua especificidade não pode ser tomada em absoluto, porque não é possível isolá-lo de todo o resto. Suas formas de agir e de interagir merecem atenção, na medida em que os efeitos da proximidade – por que não dizer, da intimidade – tornam a relação sempre delicada e com efeitos de longo prazo impossíveis de serem previstos.

Novos empreendimentos costumam se defrontar com os dilemas próprios a sua inserção em um local que de forma inexorável será profundamente transformado. Além do esperado impacto econômico, é preciso considerar que isso introduz no ambiente uma perturbação sem precedentes nas formas de vida, aspecto que acarreta efetivas transformações, especialmente na cultura e nas relações de poder. Os empreendimentos existentes precisam manter-se seguros quanto a suas operações. Precisam de um ambiente minimamente estável. Velhos empreendimentos podem, a qualquer momento, entrar em colapso e deixar à deriva toda uma população que dele depende. Se olharmos sob esse ponto de vista, a relação com comunidades é sempre crítica.

Tais aspectos têm chamado nossa atenção para a necessidade de compreender o caráter político desse relacionamento. A simples menção a "comunidade" como um público relevante para as organizações não é autoaplicável, pois não é autoexplicativa. Mais importante que definir o que é a comunidade e objetivá-la dentro de limites bem definidos é buscar compreender a natureza dessa relação, que é instigante em seu caráter instável e ambíguo e nas relações de poder que instituem em uma localidade. É essa noção de comunidade, que se institui na própria relação de proximidade, na interação cotidiana (composta por estranhamento e aceitação) e pela construção e compartilhamento de um sentido comum, o qual nos interessa investigar em maior profundidade.

A tensão pelo desajustamento

O processo histórico da industrialização, com a progressiva substituição da vida rural pela vida urbana, é, sem sombra de dúvida, fator de extraordinária grandeza, não somente pelas suas consequências econômicas imediatas, mas também pela alteração profunda nas formas de organização da vida social. Aquilo que podemos ver hoje, de forma particular e pontual, pelas tensões que se evidenciam na implantação de novas plantas industriais ou quaisquer grandes empreendimentos em qualquer localidade, pode ser visto em amplitude e generalidade ao longo dos recortes históricos que correspondem, nos países de capitalismo avançado ou em desenvolvimento, a um conjunto de transformações substanciais nas formas de organizar a vida coletiva. Assim, não apenas os episódios isolados de criação de novas indústrias – com base em um desenvolvimento tecnológico sem precedentes –, mas a industrialização, em si, causa impactos e tensões que não podem ser, de forma alguma, negligenciados quando se busca compreender os mais variados fenômenos da sociedade moderna.

O que nos interessa em primeiro plano é assinalar que o fenômeno, em sua magnitude, teve o condão de inspirar reflexões sociológicas fundantes, mas, em um aspecto em especial, tais reflexões têm orientado ao longo do tempo uma variedade de abordagens sobre as comunidades como forma de vivência coletiva. Esse esboço genérico nos leva, talvez, a compreender que o problema do relacionamento entre as organizações – tomando aqui com esse termo o sentido de empresa industrial privada como modelo – e as comunidades tem raízes bem mais profundas.

Quando percorremos a literatura sobre o termo "comunidade" em suas diversas concepções, já nos damos conta do conflito que, para muitos autores, está na base, ainda hoje, desse tipo de relacionamento. A visão recorrente é a da contradição entre os elementos definidores da vida em comunidade com os novos fatores de diferenciação/integração social que advêm desse novo modelo. Abstraído, ao menos no princípio, da noção de comunidade o seu elemento geográfico – como localidade delimitada –, o sentido da comunidade como forma de vivência (e convivência) é uma chave importante para compreender o contexto da passagem à modernidade industrial.

Em geral, entende-se que formas de comunidade derivam basicamente do parentesco, da vizinhança e da amizade, com base em relações de sangue, sentimento e solidariedade (BELLEBAUM, 1995, p. 78). O termo "comunidade" é evocado sempre quando se deseja referir às relações de proximidade. Tönnies (2002) considerou a comunidade (*Gemeinschaft*) um tipo de organização social distinto da sociedade (*Gesellschaft*), com base no tipo de relações entre os sujeitos em cada uma das duas formas. As relações comunais fundamentam-se na coesão dada pelos laços de parentesco e vizinhança, por fortes sentimentos de lealdade e pela conservação das tradições herdadas dos antepassados. Já nas sociedades, os sujeitos estabelecem relações que tendem a ser formalmente institucionalizadas; organizam sua vida coletiva com base em uma complexa divisão de trabalho, típica dos tempos modernos, como consequência do desenvolvimento urbano-industrial. Esse autor associou a comunidade a uma vontade natural (ou *Wesenwille*), isto é, a comunidade enseja uma união com motivação afetiva, mais espontânea e orgânica, que se contrapõe à vontade racional (ou *Kürwille*), um modo de união com motivação objetiva, que tende a ser contratual e mecânica, que se associa à sociedade. Sob esse ponto de vista, a noção de comunidade é, em essência, cultural, estreitamente ligada à tradição, a laços e valores de solidariedade ancestrais. Comunidade é vista como uma expressão possível de realização da identidade humana, como o lugar em que se manifestam valores, hábitos e costumes de um agrupamento, o que se contrapõe, portanto, à diversidade e à fragmentação cada vez maior da sociedade.

Um espectro amplo de reflexões se desdobra dessa ideia de fragmentação, ressaltando como características da modernidade um forte individualismo e uma atomização social, que rompem com as solidariedades e lealdades até então vigentes (BAUMAN, 2003). Além disso, são consideradas aspectos marcantes a diferenciação social – que se dá principalmente pela divisão e especialização do trabalho (DURKHEIM, 1999) e as novas formas de poder e dominação burocrática das formas organizacionais modernas (WEBER, 1996). Com base nessas visões, não é difícil perceber que, em consequência da emergência da sociedade burguesa e do modo de produção capitalista, os estilos de vida comunais são severamente desafiados, permitindo até que se encare tal processo como um "colapso da comunidade" ou o "fim da era da comunidade".

A grande mobilidade e as comunicações rápidas e intensas, a multiplicidade de formas de vida e convivência e a heterogeneidade dos atores sociais quebram a ideia de unidade contida originalmente no termo "comunidade", o que torna mais difícil, senão impossível, o tipo de sociabilidade comunal (SCHMITZ, 1995; BELLEBAUM, 1995; BAUMAN, 2003). Esta situação apresenta, então, um problema fundamental que envolve as modernas organizações, que se refere a um desajustamento dos sujeitos às novas condições de vida (de solidariedade, de lealdades, de solução de problemas do cotidiano) e de trabalho. A tensão decorrente solicita criar meios de integração social capazes de suprir a falta (ou, pelo menos, a drástica diminuição) das relações que se estabelecem nos grupos primários (a família e a comunidade, por exemplo).

Deetz (1992) observa que a moderna corporação emerge pouco a pouco como forma central de relações de trabalho e como instituição dominante na sociedade, eclipsando os grupos primários de relacionamento. Vai além e afirma que as práticas corporativas transformaram a família e a comunidade, tanto material quanto subjetivamente: serviços profissionais especializados expropriam as funções antes de responsabilidade apenas da família e da comunidade (como a educação). As regras da vida corporativa acabam por estabelecer outras, nem sempre perceptíveis, que, de certa forma, pervagam o universo da sociabilidade cotidiana.

Não é nosso objetivo discutir se, de fato, são corretas as visões acerca da perda da comunidade, nem reduzir a questão a uma noção apenas parcial do significado dessa visão. De todo modo, podemos reconhecer que o entrechoque entre formas distintas de organização da vida coletiva é também um conflito que se manifesta entre perspectivas culturais diferentes, ou seja, entre modos e estilos de convivência nos quais as práticas do cotidiano são profundamente alteradas e aos quais os sujeitos buscam constantemente se adaptar. Trata-se, também, de uma questão política relevante, uma vez que envolve um deslocamento dos eixos de poder e autoridade, em todas as escalas. Mesmo que se compreenda o conceito de comunidade como algo que progressivamente se perdeu, é no mínimo curioso que os apelos ao sentido de "comunitário" tenham permanecido fortes, inclusive no sentido de participação política. Isso nos permite tecer uma hipótese de que as próprias práticas de relações públicas entre as organizações e as comunidades tenham contribuído para manter essa presença.

Comunidade como público

Mesmo antes de uma prática mais sistemática e profissionalizada das relações públicas, os conflitos entre as organizações e sua vizinhança já exigiam atenção específica às questões de base que aqui procuramos evidenciar. Não sem razão essa atenção se tornará bem mais intensa com o crescimento da atividade e a reflexão gerada pelos próprios praticantes, que não tardarão a observar as necessidades de ajustamento. Um exemplo disso está em Childs (1967), que via na passagem de uma economia agrária, com pouca urbanização, para uma economia industrial, com grande concentração demográfica, uma mudança substancial em relação às consequências sociais dos atos individuais e de grupo. Antes, os atos individuais afetavam menos a vida social em seu conjunto e agora, em situações de maior interdependência entre sujeitos e instituições, viam-se multiplicados os significados sociais dos atos privados, ou seja, suas consequências públicas se tornavam mais expressivas e relevantes.

No caso do relacionamento de organizações com a sua vizinhança, não somente a tensão entre público e privado se manifesta, mas também uma tensão intrínseca às mudanças culturais de organização da vida coletiva. A noção de ajustamento, portanto, requereria uma visão ainda mais ampla que a noção simplória de "harmonização de interesses" (entre interesses privados e públicos). Quando se fala da população circunstante como um público, é evidente que ali se desenrola bem próxima uma interação intensa e de altíssimo impacto – não apenas sob aspectos econômicos, mas também culturais. Os valores e as práticas organizacionais se estendem para além do local de trabalho. O local de trabalho é também lugar de aprendizado, e a própria vivência da burocracia organizacional fornece, de alguma forma, padrões de conduta e pensamento que extrapolam o âmbito da organização (DEETZ, 1992). Sob o ponto de vista das relações de poder, é nesse ambiente próximo que se apresentam com mais vigor as contradições produzidas pela tensão entre as formas de organização coletiva, como também ocorrem as maiores resistências às formas de dominação, de vez que se materializam situações mais específicas e concretas como dilemas vividos no dia a dia. Sob o aspecto cultural, com frequência é neste terreno que se dão a ver com mais facilidade as lutas que se travam, por exemplo, entre as noções de tradição e de progresso, entre as relações comunicativas mais espontâneas e aquelas mais institucionalmente enraizadas e controladas ou, se quisermos, entre *Wesenwille* (vontade natural) e *Kürwille* (vontade racional) (TÖNNIES, 2002).

O impacto cultural tem a ver, ainda, com a própria maneira como se formam os públicos. Se considerarmos que os públicos se formam por uma dinâmica de inserção em questões públicas que se tornam relevantes em dado momento, pressupondo a interação e as possibilidades de comunicação efetiva entre os sujeitos, temos aí, também, uma importante ruptura com as eras precedentes, já que, além das condições de sociabilidade, também se alteraram as condições de publicidade (de visibilidade) (THOMPSON, 1995). Mayhew (1997) observa que as práticas de relações públicas se consolidaram de um complexo institucional socialmente diferenciado (sobretudo do jornalismo e da política), respaldado no conhecimento especializado dos públicos. Não mais os públicos tais como se apresentavam em modelos anteriores de sociedade, principalmente na sociedade burguesa pré-industrial, mas um novo tipo de público, que desde o século 19 se fortaleceria com os elementos da moderna solidariedade e que poderia ser visto e compreendido com base no posicionamento das opiniões na cena pública.

É nesse contexto que percebemos como a própria noção de públicos reflexivamente influencia a sua formação, ou, melhor dizendo, o que define sua própria existência para as instituições. Esse olhar passa a recair muito mais sobre as pessoas e os grupos em suas individualidades, alcançando uma dimensão coletiva tão somente por suas opiniões manifestas, capturáveis por meio de *surveys*. Tanto é assim que ocorre, a nosso ver, a transformação da opinião pública em um "sujeito", isto é, torna-se sinônimo de público, quando se empregam coloquialmente expressões como: "a opinião pública pensa isso", "a opinião pública clama por tais providências", "a opinião pública discorda daquilo" etc.

Essa percepção, que coaduna com a visão de uma comunicação (e uma sociedade) de massas, de certa maneira se aplicaria tanto à visão dos processos mais amplos (ligados a uma visão genérica dos públicos como "povo", "comunidade nacional" ou, simplesmente, transformando a opinião pública num sujeito), quanto à busca pela compreensão de processos em outras escalas. A visão de públicos como grupos específicos, claramente identificáveis, não pode ocorrer apenas pela apropriação geral das opiniões, mas também por um exame mais acurado das interações e dos vínculos entre pessoas agrupadas e desses agrupamentos com as instituições com as quais mantêm relacionamento. Quando tomamos, portanto, a comunidade como público, estamos diante de uma contradição entre percebê-la como agrupamento **geral** ou **específico**.

Sob um viés pragmático, a comunidade é um público que se define geograficamente: a vizinhança da organização – ou seu "entorno". A ideia de entorno encerra uma noção de centralidade da organização, ou seja, implica uma definição, partindo do centro, de uma periferia cujo raio é determinado pelo alcance do **impacto** que as atividades organizacionais têm sobre a população desta periferia. A norma ISO 26000,[1] por exemplo, define a comunidade como "a área onde estão localizados assentamentos residenciais ou outros assentamentos sociais e que tem proximidade física com as instalações da organização ou com as áreas de impacto da organização" e reconhece também que a área e os grupos que compõem a comunidade irão variar de acordo com o contexto e, principalmente, de acordo com o tamanho e a natureza dos impactos da organização (ISO, 2010, p. 63).

Entretanto, essa definição arbitrária, tomada estrategicamente pela organização, não é necessariamente coincidente com a visão dos próprios públicos dessas localidades como constituintes de uma "comunidade". Essa também é uma fonte essencial de tensões entre a população lindeira e a organização. Em visão panorâmica, o impacto dos empreendimentos

---

[1] Publicada pela Internacional Organization for Standardization (ISO) em 2010, a ISO 26000 constitui uma norma internacional de Responsabilidade Social, à qual as organizações podem aderir voluntariamente. É uma importante referência atual para a ação comunicativa das organizações com as comunidades.

sobre o ambiente local parece ser o elemento comum, o ponto mais evidente e mais forte de ligação, que cria uma "unidade" perceptível, ou seja, constrói uma comunidade mesmo que o território seja vasto e de composição muito variada.

A comunidade construída e reconstruída

A visão genérica de uma comunidade assim constituída não é, contudo, suficiente para a compreensão das complexas relações que se estabelecem com a vizinhança. Em princípio porque as condições de vida e de sociabilidade da população local podem não constituir vínculos de solidariedade **comunal**. A julgar pela posição daqueles que decretam o "fim da comunidade" e do tipo de sociabilidade comunal no mundo contemporâneo, nem seria mais possível encontrar tais vínculos. De outro lado, se admitimos que essas condições e vínculos ainda podem estar presentes em algum lugar ou segmento (por exemplo, em populações ditas tradicionais, alternativas ou de lugares bem pequenos ou isolados), ou que possam ser restaurados, mesmo assim é razoável admitirmos que as tensões inerentes às formas modernas de vida e trabalho estão ali presentes de algum modo, até pela própria presença da empresa no local. Quando a diversidade e a complexidade dos vínculos em um mesmo ambiente territorialmente definido lutam contra a unidade pretendida, torna-se um grande desafio compreendê-la em sua dinâmica.

O momento de instalação e a manutenção das operações de um grande empreendimento em uma localidade promovem profundas transformações nas relações de trabalho e de produção, nas condições gerais de vida e nas condições naturais. As mudanças podem ser de tal grandeza que é possível falar da localidade até mesmo como uma "comunidade construída" ou "reconstruída", já que aquela organização torna-se, ela própria, um importante (e inamovível) componente da vida coletiva naquele ambiente próximo. Isso dá uma dimensão objetiva e bem material à comunidade, que pode abranger até mesmo uma cidade inteira que cresceu à sombra de somente uma grande planta industrial. Nesses casos, o impacto evidencia-se por si mesmo de forma muito mais eloquente. A cidade mineira de Ouro Branco, por exemplo, com a implantação da Siderúrgica Açominas, iniciada em 1976,[2] viu sua população passar de modestos 5 mil habitantes

---

[2] A Usina Presidente Arthur Bernardes, hoje pertencente ao Grupo Gerdau, iniciou suas operações em 1986. Parte de suas instalações encontra-se também em território do município mineiro de Congonhas.

para os atuais 35 mil,[3] com mudança radical em seu perfil socioeconômico e em sua estrutura de serviços, além de um impacto que se espalhou pelas principais cidades vizinhas, como Congonhas e Conselheiro Lafaiete. Uma questão importante da construção desse novo ambiente é a absorção de grande contingente de migrantes oriundos de diversos pontos do país e com perfil demográfico bem diferenciado (quanto a origem social, escolarização, qualificação, nível de renda). No exemplo, a fixação do empreendimento, sob aspectos urbanísticos, foi acompanhada por um planejamento, carregado de valores. O documento promocional da Usina, de 1985, preconizava

> uma cidade saudável, humana, alegre e aconchegante, de infraestrutura moderna, que ofereça condições para um padrão de vida compatível com o nível de renda dos empregados da AÇOMINAS, que encare todos os cidadãos igualmente e na qual a Empresa seja responsável pela criação de condições para seu desenvolvimento disciplinado e autônomo, no menor espaço de tempo possível (apud COSTA; COSTA, 1998, p. 70).

Sobre o caso, Heloísa e Geraldo Costa observam a crença dos empreendedores na capacidade de o planejamento dar conta dos problemas urbanos, desde que os principais impasses fossem previstos e, ainda, a visão de que "o espaço, por si só, teria o poder de transformar e moldar as relações sociais"[4] (COSTA; COSTA, 1988, p. 70). Isso demonstra a centralidade da empresa na proposição de valores de bem-viver e o desafio da criação de uma nova unidade (como espaço "comum"), *conveniente* para o empreendimento.

Os conflitos derivados da transformação são vistos de forma diferente em cada momento histórico e, na atualidade, muitos dos impactos que antes se mostravam apenas como conflitos latentes são explicitados, exigindo uma disposição permanente para a negociação. Exemplo disso são os conflitos que envolvem as questões ambientais. Tanto as legislações como as normativas sobre sustentabilidade e responsabilidade social criam certas obrigações para as organizações, tais como escutar as demandas e negociar com os diversos atores da sociedade civil organizada, de forma a obter as condições para o licenciamento. O Guia de Procedi-

---

[3] 34.643 habitantes, segundo o Censo do IBGE 2010. Disponível em: <http://www.censo2010.ibge.gov.br>. Acesso em: 22 fev. 2012.
[4] Aqui em menção a Castells (1978).

mentos para o Licenciamento Ambiental Federal recomenda que, durante a elaboração do Estudo de Impacto Ambiental e do Relatório de Impacto Ambiental (EIA/Rima), o empreendedor promova reuniões públicas para maior divulgação do projeto às comunidades diretamente envolvidas (BRASIL, 2002, p. 6 e 12).

Acentua-se por isso a importância política e estratégica do relacionamento entre as organizações e as localidades em sua vizinhança. As organizações tomam, assim, estas comunidades como públicos, e, como qualquer público, a comunidade não é algo estável ou fixo. As comunidades cada vez mais perdem suas características tradicionais; as formas variadas de sociabilidade e de organização, bem como a distribuição de poder, fazem com que constituam um conjunto de públicos plural, mais que um agrupamento homogêneo. O sentido de "público" forma-se em uma dinâmica de construção permanente de significados sobre a própria localidade, em que diversos aspectos da cultura organizacional são confrontados todo o tempo com os aspectos da cultura local.

A própria organização envida esforços para conciliar essas visões. Entram em jogo nessas iniciativas as questões relativas ao desenvolvimento local, perpassadas todo o tempo por uma ideia de mudança cultural, que hoje aparece com mais clareza enfeixada na ideia geral de sustentabilidade. Na cidade mineira de Barroso, a empresa Holcim, uma grande indústria de cimento, após ter sido questionada pela população local sobre sua política de empregos e sobre a retirada de suas antigas chaminés, em 2003, resolve propor um projeto de desenvolvimento local participativo, denominado Projeto Ortópolis, que foi iniciado em 2004 (BOECHAT; MIRAGLIA; WERNECK, 2005). Em uma publicação sobre os três primeiros anos do projeto, a empresa declara o objetivo de "planejar e implementar, de forma sistêmica e participativa, uma "cidade correta", tendo por motivação o reconhecimento de que era preciso "fazer alguma coisa para pacificar a sociedade, fortalecendo-a, melhorando o relacionamento entre a fábrica e a comunidade" (INSTITUTO HOLCIM, 2007, p. 5). A intenção de provocar uma mudança comportamental e cultural aparece ali explícita, ao definir que a missão do projeto é

> possibilitar mudança comportamental que resulte na participação de todos os setores da sociedade na construção de uma comunidade responsável, justa, solidária e ética, buscando uma boa qualidade de vida para todos (INSTITUTO HOLCIM, 2007, p. 11).

É, portanto, nesse embate em que o próprio senso comunitário se constrói e reconstrói – e é nas contradições surgidas no próprio processo – que se dão as relações entre as organizações a as comunidades. Nessa segunda dimensão, a comunidade é um sentido produzido, um conjunto coerente que dá significado às formas de vida social naquela localidade.

Considerações finais

Ao postularmos que as relações entre as organizações e as comunidades fundam-se em questões de base relativas a uma tensão permanente, quisemos situá-las fora do âmbito tático e técnico com que, muitas vezes, são tratadas na prática, para inseri-las em uma questão tanto de poder quanto de cultura, como categorias indissociáveis, ou seja, no contexto dos conflitos políticos, das contradições e dos confrontos culturais que ocorrem com grande vigor no fluir da vida ordinária das populações locais. Esse fluxo, bem como a teia complexa de interações que envolvem pessoas, instituições da localidade e a própria organização, define, antes de tudo, os arranjos coletivos em torno das questões publicamente relevantes. Essa movimentação é que dá o caráter de "público" a esse conjunto percebido no campo periférico da organização.

Sob o impacto da operação de um empreendimento, cujas ações não são desprovidas de significado social, a organização é um agente poderoso na vida pública da localidade e, por isso, é publicamente responsabilizada. As atividades de relações públicas estão intrinsecamente relacionadas com essa responsabilização, esteja ou não a comunidade (ou os públicos mais próximos na localidade) organizada em função das exigências de resposta (como em grupos de pressão). Não se trata apenas de fornecer uma prestação de contas das atividades realizadas no âmbito privado da empresa, mas de envolver a organização em um processo de interlocução permanente – cada vez mais essencial para a identificação de interesses comuns, para a construção de um sentido compartilhado de "público" (HENRIQUES, 2009).

Em uma dimensão mais concreta, a tendência atual à geração e à manutenção de processos dialógicos e participativos para dentro e para fora das organizações está indissociavelmente ligada à questão de sua legitimação (HEATH et al., 2006). A exigência de interlocução insere a empresa em uma dinâmica de participação nas questões públicas da própria localidade, na qual deve assumir uma responsabilidade compartilhada, capaz de gerar e manter um ambiente favorável à cooperação, apesar dos estranhamentos e das contradições inerentes ao processo. Isso pressupõe uma tensão contínua entre valores e interesses diferentes, em um campo de significados em renhida disputa e para o qual é necessária permanente disposição de negociar. O significado de "comunidade" emerge, finalmente, como a construção ou reconstrução de sentido comum ou, no dizer de Tacussel (1998), como "partilha intersubjetiva do sentido". Talvez não seja preciso esperar nada mais além disso; apesar de o temor da erosão das velhas solidariedades ainda clamar em alto brado por uma restauração do espírito comunitário.

Referências

BAUMAN, Z. *Comunidade*: a busca por segurança no mundo atual. Rio de Janeiro: Zahar, 2003.

BELLEBAUM, A. Ferdinand Tönnies. In: MIRANDA, O. (org.). *Para ler Ferdinand Tönnies*. São Paulo: Edusp, 1995. p. 73-85.

BOECHAT, C. B.; MIRAGLIA, L.; WERNECK, N. M. D. O Instituto Holcim e o Programa Ortópolis. In: HENRIQUES, M. S.; WERNECK, N. M. D. *Visões de futuro*: responsabilidade compartilhada e mobilização social. Belo Horizonte: Autêntica, 2005. p. 15-50.

BRASIL. *Guia de Procedimentos do Licenciamento Ambiental Federal*. Documento de referência. Brasília/DF: Ministério do Meio Ambiente/IBAMA, 2002.

CASTELLS, M. *City, class and power*. Londres: The Macmillan Press, 1978.

_____. *A sociedade em rede na era da informação*: economia, sociedade e cultura. São Paulo: Paz e Terra, 1999. v. 1.

CHILDS, H. L. *Relações públicas, propaganda e opinião pública*. 2. ed. Rio de Janeiro: Fundação Getulio Vargas, 1967.

COSTA, H. S. M.; COSTA, G. M. Ouro Branco/Açominas: um último capítulo da história da produção do espaço para a indústria? *Geonomos – Revista de Geociências*, Belo Horizonte, v. 6, p. 61-66, 1998.

DEETZ, S. A. *Democracy in an age of corporate colonization*: developments in communication and the politics of everyday life. Albany: State University of New York Press, 1992.

DURKHEIM, E. *Da divisão do trabalho social*. 2. ed. São Paulo: Martins Fontes, 1999.

HEATH, R. L. et al. The processes of dialogue: participation and legitimation. *Management Communication Quarterly*, v. 19, n. 3, p. 341-75, 2006.

HENRIQUES, M. S. Mobilização social e responsabilidade das empresas: algumas considerações sobre os desafios políticos às organizações contemporâneas. In: NASSAR, P. (org.). *Comunicação empresarial estratégica*: práticas em Minas Gerais. O pensamento global na ação local. São Paulo: Aberje, 2009. p. 116-23.

INSTITUTO HOLCIM. *Fala, Barroso!* São Paulo: Instituto Holcim para o desenvolvimento sustentável, 2007.

ISO 26000. Diretrizes sobre responsabilidade social. 2010. Disponível em: <http://www.pessoacomdeficiencia.gov.br/app/sites/default/files/arquivos/[field_generico_imagens-filefield-description]_65.pdf>. Acesso em: 20 maio 2014.

MAYHEW, L. H. The new public: professional communication and the means of social influence. Cambridge: Cambridge University Press, 1997.

SCHMITZ, K. Comunidade: a unidade ilusória. In: MIRANDA, O. (org.). *Para ler Ferdinand Tönnies*. São Paulo: Edusp, 1995. p. 177-93.

TACUSSEL, P. Comunidade e sociedade: a partilha intersubjetiva do sentido. *Geraes – Revista de Comunicação Social*, Belo Horizonte, n. 49, p. 2-12, maio 1998.

THOMPSON, J. B. *Ideologia e cultura moderna*: teoria social crítica na era dos meios de comunicação de massa. Petrópolis, RJ: Vozes, 1995.

TÖNNIES, F. *Community and society*. Nova York: Dover Publications, 2002.

WEBER, M. *A ética protestante e o espírito do capitalismo.* 10. ed. São Paulo: Pioneira, 1996.

A RELEVÂNCIA DAS COMUNIDADES VIRTUAIS NA CULTURA ORGANIZACIONAL

Lucia Santaella

Passada a primeira década do século 21, ninguém mais pode duvidar que estamos vivenciando um novo paradigma de formação sociocultural que vem recebendo tanto o nome de **cultura digital** quanto de **cibercultura**. Inumeráveis livros e artigos têm surgido com o propósito de discutir os caracteres e implicações dessa cultura. Como enfatizo em diversas ocasiões (SANTAELLA 2008, p. 77-82; 2007, p. 189-200, por exemplo), sem desconsiderar as formações culturais anteriores (oralidade, era gutenberguiana, cultura massiva, cultura das mídias), o impacto da cibercultura tem provocado nelas reajustamento do papel social que desempenham, de modo que não se trata simplesmente da passagem de um estado de coisas a outro, mas muito mais de complexificação, da imbricação de diferentes lógicas comunicacionais em um mesmo espaço social. Por isso, nosso momento civilizatório é especialmente complexo, tramado pelos fios diversos de formas de cultura distintas que se sincronizam.

Refletir sobre o possível desempenho das comunidades virtuais nos ambientes organizacionais pressupõe uma visada retrospectiva sobre a formação, desenvolvimento e transformações do ciberespaço – o espaço que a revolução digital trouxe à luz – e das formas de socialização que lhe são próprias. De fato, de acordo com Soojung-Kim (2008, p. 55), o conceito de ciberespaço tem sido uma das metáforas mestras da era digital, influenciando tudo, das estratégias de negócio e a propriedade intelectual até a produção de design para os ambientes que lhe são característicos.

Histórico do ciberespaço

Os primeiros computadores pessoais eram gigantescos, feios e ocupavam muito espaço nas áreas de trabalho. As interfaces pré-gráficas exigiam que os usuários decorassem longas listas de comandos. Na era do Windows, tais comandos foram substituídos por camadas e cascatas de sinais grosseiramente figurativos para guiar o usuário nas tarefas a serem operadas. Nos primeiros tempos das redes, estávamos sempre indo para algum lugar: à rede de uma biblioteca, a um servidor de determinado laboratório, a uma comunidade à qual aderíamos e, sobretudo, por intermédio de um provedor, era-nos fornecido um endereço para podermos trocar e-mails. O acesso a lugares, informações e pessoas distantes criou naturalmente a ideia de um mundo virtual, paralelo ao mundo físico, no qual penetrávamos por meio de conexões computacionais. Esse mundo paralelo passou a ser chamado **ciberespaço**.

O termo, como é sobejamente conhecido, foi criado por Gibson (1984), para se referir às redes virtuais como um lugar distinto do mundo físico. A origem efetiva do ciberespaço remonta a fontes diversas. Em quaisquer delas, foi criado pelos usuários em suas interações mediadas por computadores on-line. O avanço das redes, nos anos 1980 e 1990, alargou sobremaneira a ideia e os usos do ciberespaço. Mais recentemente, a expansão dos dispositivos móveis, das tecnologias de localização e da computação ubíqua tem levado ao questionamento da concepção de um mundo virtual paralelo, na medida em que, por meio dos equipamentos sem fio, o ciberespaço agora se mistura cada vez mais com o mundo físico, compondo territórios informacionais (LEMOS, 2008), espaços híbridos (SOUZA e SILVA, 2006) e espaços intersticiais (SANTAELLA, 2007).

De todo modo, o ciberespaço continua existindo e ensejando, especialmente com a Web 2.0, o desenvolvimento de formas de socialização que, na primeira idade das redes, costumavam ser chamadas **comunidades virtuais** e nos dias atuais estão cada vez mais conhecidas como **redes sociais** na internet.

Comunidades virtuais

Todos os tipos de ambiente comunicacional que surgiram e continuam a surgir nas redes constituem-se em formas culturais e socializadoras. O primeiro nome que esses receberam foi o de **comunidades virtuais** (RHEINGOLD, 1993), isto é, grupos de pessoas globalmente conectadas na base de interesses e afinidades, em lugar de conexões acidentais ou geográficas (SANTAELLA, 2008, p. 121-24). Assim, as comunidades virtuais passaram a designar as novas espécies de associações fluidas e flexíveis de pessoas, ligadas através dos fios invisíveis das redes que se cruzam por todo o globo, permitindo que os usuários se organizem espontaneamente "para discutir, para viver papéis, para exibir-se, para contar piadas, para procurar companhia ou apenas para olhar, como *voyeurs*, os jogos sociais que acontecem nas redes" (BIOCCA, 1997, p. 219).

Na entrada dos anos 2000, as mudanças céleres que se processam no mundo digital levaram à multiplicação das tecnologias móveis, permitindo o acesso a informações e a conexão entre usuários de qualquer lugar para qualquer outro lugar. Isso levou à confirmação da antecipação de Rheingold, que, em 1993, constatou que a cultura digital não podia ser vista como uma subcultura *on-line* única e monolítica, mas como um "ecossistema de subculturas", uma mistura de micro, macro e megacomunidades, abrigando milhares de microcomputadores que vivem em seus interiores. De fato, cada vez mais o ciberespaço e suas culturas foram adquirindo caracteres multiplicadores diversificados.

Dada a concepção tradicional de **comunidade** como pessoas localizadas geograficamente e engajadas em relações de obrigações mútuas e interdependência, a natureza efêmera das comunidades virtuais veio ferir justamente a ideia de estabilidade, chave das comunidades tradicionais. Isso abriu margem para muitas discussões (LEMOS, 2002; CASTELLS, 2003; COSTA, 2007; RECUERO, 2009; e MACHADO, 2009, por exemplo). As discussões intensificaram-se *pari passu* à intensificação do caráter fluido e fugaz das comunidades virtuais geradas e mantidas com base nas comunicações via dispositivos móveis. Como apontado em Santaella (2007, p. 242-45), nesse debate, as conclusões mais saudáveis são as que enfatizam que a importância das comunidades virtuais está no espaço criado pela comunicação; um espaço em que relações interpessoais de confiança, afinidade e reciprocidade são mantidas voluntariamente e não simplesmente porque se está situado em um mesmo local físico. É por isso que, para Green (2003, p. 55), o conceito de **comunidades móveis** deve ir além de comunidades como grupos de interesse e, principalmente, muito além de comunidades cossituadas. Em lugar disso, devemos reconsiderar as comunidades como processos de confiança – esta assegurada "por meio da negociação mútua, recíproca e múltipla de incertezas e riscos mediados, interpessoais e organizacionais".

Ademais, pesquisas têm comprovado que a internet fortalece as relações nas comunidades tradicionais, funcionando, ao lado dos canais precedentes de informação, muito mais como adição que subtração. Redes de computadores, disponibilidade permanente e aprendizagem por meio de equipamentos móveis fortificam as tendências descentralizadoras e dão suporte a comunidades locais ou outras organizadas não geograficamente.

Redes sociais

O traço mais característico do **cibermundo** encontra-se no ritmo desenfreado de sua evolução. Nem bem os processos da Web 1.0 haviam sido absorvidos e foi introduzida a Web 2.0. Nesta última, processos colaborativos e arquiteturas participativas de produção, tais como a Wikipédia; os blogs; os podcasts, o uso de *tags* (etiquetas) para compartilhamento e intercâmbio de arquivos, como no Del.icio.us, e de fotos, como no Flickr; as redes sociais como Facebook, Orkut, MySpace, Goowy, Hi5 e Twitter com sua agilidade para *microblogging*; e o YouTube e o Second Life passaram a assumir as rédeas da comunicação. Enquanto os verbos característicos da Web 1.0 eram **disponibilizar**, **buscar**, **ter acesso** e **ler**, na Web 2.0 as novas palavras de ordem são **expor-se**, **trocar**, **colaborar**, em atividades de interação que encontram suas bases em princípios de confiança e de compartilhamento. A par das Web 1.0 e 2.0, nos dias atuais já se fala na Web 3.0, cujos atributos se encontram na semântica Web, que promete mudar ainda mais o modo como as redes são usadas na exploração das possibilidades da inteligência artificial, nas aplicações modulares e na gráfica tridimensional.

Como se não bastasse, o espectro multiplicador dos dispositivos sem fio agora permite a conexão entre usuários e a troca de textos, músicas, fotos e vídeos de qualquer lugar para qualquer outro lugar, permitindo também a conexão desses dispositivos com as redes e bancos de dados remotos. Além de evoluir internamente nos territórios da virtualidade, as redes hoje também estão evoluindo nos hibridismos que estabelecem entre os espaços virtuais e os espaços físicos, indicando que a comunicação humana caminha a passos largos para a abertura de caminhos plurais que dão a cada indivíduo a possibilidade de trocar, em seus grupos de eleição, opiniões, questionamentos, pontos de vista e visões de mundo.

É nesse contexto que a referência "redes sociais na internet" foi emergindo e ocupando, cada vez mais, o lugar outrora utilizado pela expressão **comunidades virtuais**, embora ainda seja possível juntar os dois quando se fala de comunidades virtuais nas redes sociais. Certamente, **redes sociais tout court** é um conceito mais amplo que **redes sociais na internet**. De fato, "o paradigma das redes tem sido evocado como explicação estrutural para muitos dos fenômenos comunicacionais, políticos, organizacionais e sociais do nosso tempo" (DUARTE; QUANDT; SOUZA, 2008, p. 13).

No estudo extensivo que fez do assunto, Recuero (2009, p. 24) define **rede social** como "um conjunto de dois elementos: atores (pessoas, instituições ou grupos; os nós de uma rede) e suas conexões (interações ou laços sociais)". Nesse contexto, **rede** é compreendida como "metáfora para observar os padrões de conexão de um grupo social a partir das conexões estabelecidas entre os diversos atores". Com o apoio de vários autores, o conceito central utilizado por Recuero para discutir as redes sociais é o de capital social. Este implica questões como normas de reciprocidade e confiança, obrigação moral, consenso, cooperação, compartilhamento, a par dos componentes de pertencimento a um grupo e reconhecimento mútuo.

Partindo da natureza heterogênea do capital social, Bertolini e Bravo (apud RECUERO, ibid., p. 50) constroem categorias para operacionalizar o conceito de modo a fazê-lo perceptível nas redes sociais. Assim, o capital social é relacional (a soma das relações, laços e trocas que conectam os indivíduos a uma rede); é normativo (implica valores e normas de comportamento de um grupo); cognitivo (compreende a informação disponibilizada e o conhecimento comum a um grupo); dependente da confiança; e, por fim, institucional (regência da estruturação geral de um grupo).

Redes sociais na Web

Como afirmamos anteriormente, o conceito de **redes sociais** é, com certeza, mais amplo que o de **redes sociais na Web**, pois podem existir redes sociais fora da Web. Entretanto, a internet incrementou grandemente as possibilidades de formação, desenvolvimento e multiplicação de redes sociais. A característica principal dessas redes de interação incessante está na dinamicidade e na emergência, adaptação e auto-organização, próprias dos sistemas complexos e que se expressam, no caso, em comportamentos coletivos descentralizados.

Após dividir as redes sociais na internet em dois tipos – **redes emergentes** ("sentir-se parte" por meio das trocas comunicacionais) e **redes de filiação ou associativas** (relação de pertencimento, à parte de qualquer tipo de interação) –, Recuero (2009, p. 94-102) passa a discutir os sites de redes sociais. Do mesmo modo que as redes sociais são fenômenos mais amplos que redes sociais na internet, tais sites também são mais amplos do que os sites de redes sociais. Estes últimos são plataformas, ferramentas ou programas (softwares), enfim, são sistemas criados especificamente com a finalidade precípua de promover "a visibilidade e a articulação das redes sociais". Assim, "os sites de redes sociais seriam uma categoria de softwares sociais" com aplicação direta para a comunicação mediada por computador. Esses sites são rebentos diretos da Web 2.0 e das modalidades de interações que ela promove. Alguns exemplos são os fotologs (Flickr e Fotolog), as ferramentas de *micromessaging* (Twitter e Plurk) e sistemas como o Orkut e o Facebook. Embora todos esses programas existam para facilitar, e até mesmo estimular, a participação dos usuários, por meio de interfaces dialogáveis, podendo inclusive ser mantidos pelo sistema e não necessariamente pelas interações, o que é preciso levar em conta é que as redes são constituídas pelos participantes que delas se utilizam, pois sem estes as redes não poderiam existir.

Com base em Boyd e Elison, Recuero (op. cit., p. 102-107) divide os sites de redes sociais em sistemas que permitem: (a) "a construção de uma *persona* através de um perfil ou página pessoal"; (b) "a interação através de comentários"; e (c) "a exposição pública da rede social de cada ator". Essa divisão não é excludente, pois há sites que incorporam mais que uma dessas propriedades. Além disso, mesmo não tendo sido originalmente voltados para mostrar redes sociais, muitos deles são apropriados pelos usuários para esse fim. A esse respeito, o exemplo do Weblog é ilustrativo. Apesar de construído como um espaço pessoal, pode ser transformado em rede social por meio dos comentários e dos links. Não há leis para o uso simultâneo dessas ferramentas, nem elas são complementares, embora os usuários possam utilizá-las, inclusive complementarmente, como lhes aprouver.

Ao aplicar o conceito de capital social aos sites de redes sociais, Recuero (op. cit., p. 107-115) explicita os valores que são construídos nesses ambientes. No que diz respeito ao capital social relacional, esses sites constroem, mantêm e ampliam as conexões no ciberespaço. Eles aumentam a visibilidade social dessas conexões e, mais que a confiança, a reputação como valor "implica no fato de que há informações sobre quem somos e o que pensamos, que auxiliam outros a construir, por sua vez, suas impressões sobre nós" (RECUERO, 2009, p. 109). Outro valor é o da popularidade, que, no Twitter, por exemplo, pode ser medida pelo número de seguidores. Nos Weblogs, relaciona-se ao número de comentários e à quantidade das visitas. Além da popularidade, existe também o valor da autoridade, relacionado com a reputação e com o capital social conector.

Apresentadas todas essas novas ferramentas de socialização, salta à vista a relevância de sua incorporação na dinâmica comunicacional das organizações, como aponto a seguir, após breves passagens sobre organizações e comunicação organizacional.

Organizações e comunicação organizacional

Srour (1998, p. 107-8) define as organizações como "coletividades especializadas na produção de determinado bem ou serviço, as quais combinam agentes sociais e recursos e se convertem em instrumentos da economia do esforço". Depois de graduar as diferenças entre as organizações e as instituições, o autor enfatiza que as primeiras contam com agentes coletivos e são "planejadas de forma deliberada para realizar um determinado objetivo", o que não impede que "formem unidades sociais portadoras de necessidades e de interesses próprios". Entre os vários fatores interferentes na dinâmica interna das organizações, destacam-se os processos comunicacionais, imprescindíveis à sua reprodução e permanência, assim como à consecução de seus objetivos.

Há um consenso de que "a comunicação organizacional abrange todas as formas/modalidades de comunicação utilizadas e desenvolvidas pela organização para relacionar-se e interagir com seus públicos" (SCROFERNEKER, 2006, p. 48). Embora breve, o panorama que essa autora nos apresenta das teorias e conceitos da comunicação organizacional oferece um quadro diversificado das formas de comunicação que vicejam nas organizações. Para Riel (apud SCROFERNEKER, ibid., p. 49), por exemplo, elas englobam as relações públicas, estratégias organizacionais, marketing corporativo, propaganda corporativa, comunicação interna e externa.

Também para Restrepo e Angulo (apud SCROFERNECKER, ibid., p. 49-50), a comunicação é um composto que dá forma à organização segundo quatro dimensões: **informacional** (transações estáveis para a viabilização do negócio, sistema normativo, valores, princípios e formas de controle que sustentam a prática); **da divulgação** (dar a conhecer, tornar público); **geradora de relações**, que visa à formação e socialização (atividades recreativas, rituais e celebrações etc.); e **do trabalho em equipe**, tendo em vista a participação, os vínculos de pertinência e compromisso.

Outros autores citados pela autora (EISENBERG; GOODALL JR., 1997, p. 50-51) apresentam cinco modelos de comunicação organizacional: (a) como transferência de informação, com base em uma noção linear da comunicação entre um emissor e um receptor; (b) como processo transacional, quando o receptor tem papel ativo na desconstrução e construção do significado da mensagem que recebe; (c) como estratégia de controle que usa a comunicação como meio para controlar o ambiente organizacional; (d) como equilíbrio entre criatividade e constrangimento/coação/sujeição, modelo este que busca sintonizar o condicionamento das ações individuais às leis, regras e normas, com a necessidade de promover mudanças e, desse modo, não tolher a criatividade; e (e) como espaço de diálogo que permite a cada indivíduo a oportunidade de falar e de ser ouvido.

Putnam, Phillips e Chapman (apud SCROFERNEKER, 2006, p. 51) estudam a comunicação organizacional com base em sete linhas de metáforas, as quais, segundo os autores, representam os diferentes ramos da pesquisa na área, quais sejam as metáforas: do conduíte, da lente, *linkage*, performance, do símbolo, voz e discurso. Considerando as organizações como canais ou *containers*, na metáfora do conduíte, a comunicação é vista como transmissão. A metáfora da lente, por seu lado, admite que as organizações, em seu papel de sistemas que tudo veem e percebem, funcionam como filtros da comunicação. *Linkage* significa que organizações são redes ou sistemas de indivíduos conectados pela comunicação. Na performance, por sua vez, a comunicação é projetada como interação social e as organizações emergem como ações coordenadas. A metáfora do símbolo concebe as organizações como frutos de culturas organizacionais em que a comunicação interpreta as formas literárias das narrações, ritos, rituais e paradoxos. Para a voz, a comunicação dá expressão ao coro de vozes abafadas, tonitruantes, de que a organização se constitui. Já o discurso vê a comunicação como conversação, enquanto as organizações são os textos que consistem em gêneros e diálogos.

Quando afirma que a comunicação organizacional "designa todo o trabalho de comunicação levado a efeito pelas organizações em geral", Kunsch (apud SCROFERNEKER, op. cit., p. 52) corrobora a abrangência da comunicação organizacional ao deixar implícita também a comunicação dos membros de uma organização entre si. Para a autora, há a comunicação institucional, relativa à construção da imagem e identidade corporativas de uma organização; há a comunicação mercadológica, voltada para a divulgação dos produtos e serviços de uma organização; e há ainda a comunicação administrativa e interna. Enquanto a primeira envolve os procedimentos comunicacionais relativos à própria organização, a segunda "visa a proporcionar meios para promover maior integração dentro da organização mediante o diálogo, a troca de informações e experiências, e a participação em todos os níveis".

Embora todos os tipos de comunicação organizacional possam usufruir o potencial que as novas formas socializadoras do ciberespaço estão disponibilizando, vale enfatizar, antes de tudo, as modalidades de comunicação interna das organizações, visto que estas podem servir de trampolim para que estratégias que englobam as outras modalidades de comunicação das organizações sejam pensadas e implantadas.

Comunidades virtuais na comunicação organizacional

Antes de tudo, é preciso lembrar que a concepção de **organização** que mais se coaduna com a incorporação das comunidades virtuais de redes sociais é aquela que considera organizações como sistemas abertos, como redes de relações interdependentes, tal como defende Goldhaber (1991). É a interdependência que permite a coexistência de subsistemas que mutuamente se afetam, comprometendo também o todo. De acordo com Deetz (2008, p. 39), "o aumento da interdependência entre as partes e a necessidade constante de adaptação é um chamado criativo aos novos conceitos de comunicação e a práticas que permitam decisões mais colaborativas". Essa concepção aproxima-se da visão enunciada por Marchiori (2008, p. 81-82) da comunicação como um **processo autopoiético**. Ora, esse atributo da comunicação pode também ser estendido para as organizações, pois, segundo Maturana e Varela (1980, p.135), **autopoiesis** se define como

> uma rede de processos de produção, transformação e destruição de componentes que produzem os componentes, os quais: (a) através de suas interações e transformações, regeneram e realizam a rede de processos (relações) que os produzem; e (b) constituem uma unidade concreta no espaço em que existem ao especificar o domínio topológico de sua realização como uma rede.

Tal noção sintoniza-se com as visões mais recentes das organizações como processos orgânicos e dinâmicos em que novos elementos entram constantemente em cena. É em ambientes dessa ordem aberta e porosa que a existência viva das comunidades virtuais pode germinar. Sem substituir as formas mais tradicionais de comunicação organizacional, as redes sociais virtuais podem a elas se somar, incrementando sobremaneira as relações coletivas que fundamentam as organizações, pois a internet constitui-se em uma via alternativa bastante eficaz para o envolvimento em grupos sociais. "Qualquer grupo social é formado por comunidades formais e informais que se comunicam constantemente. Constituídas por regras, normas e regulamentos, as redes formais se contrapõem às estruturas informais, caracterizadas pela criatividade e pela espontaneidade" (MARIOTTI, 2008, p. 42). Embora se constituam como sistemas, as redes sociais na Web são redes informais, e "quanto maior for o número de participantes dessas redes informais, quanto mais desenvolvidas e sofisticadas forem as próprias redes, tanto mais a organização será capaz de aprender, reagir criativamente a circunstâncias inesperadas, mudar e evoluir" (NEVES, 2008, p. 42).

A chegada da Web 2.0 e suas principais ferramentas nos introduziu à era da comunicação colaborativa, que estimul o trabalho participativo, a interação em tempo real e em que a informação disponível não é mais fornecida "de cima para baixo", mas produzida em uma estrutura horizontal. Organizações atentas a esses novos ventos têm encorajado os valores da diversidade e a presença de redes informais de relacionamento e de cooperação visando à resolução de problemas comuns. Isso não significa abdicar da gestão, mas pensá-la na base da multiplicidade, da diversidade em ambientes de pouca hierarquia, regidos muito mais pela emergência e auto-organização que pela coerção.

Para Ximenes (2008, p. 45), diretor de comunicação da Google Brasil, a estruturação de redes informais de relacionamento na empresa também pode ser um dos caminhos para se obter bons resultados.

> As pessoas de modo geral se relacionam com quem tem valores similares e maior complementaridade no trabalho. Portanto, os projetos criados a partir de redes sociais são mais suscetíveis ao sucesso do que os elaborados por grupos forçados a trabalharem juntos.

O testemunho de Marcelo Manna (2008, p. 36) a esse respeito também é eloquente:

> a rede permite compartilhar decisões, o que traz maior eficiência para a comunicação e a interação com todos os *players*. A comunicação de uma rede produtiva permite fazer o caminho de trás para frente,

da demanda até a negociação final, de forma mais coerente, unindo esforços para uma direção comum.

Não apenas nas buscas espontâneas, em aberto, por afinidades eletivas que a vida vai trazendo quase sempre pela força incontrolável do acaso, mas também nos ambientes das organizações, a marcha das redes sociais digitais, no dizer de Torres (2008, p. 275 e 279), significa fazer linhas e alianças, ecossistemas, um saber-mover-se-entre, uma transversalidade, transitando entre uma condição e outra. Isso porque "as redes sociais digitais propõem agenciamentos e hibridações, territorialidades fluidas e 'sublevações temporárias', marchas deslocadoras pelas diferenças, para comunicar outras visões e ideias que as ideologias exclusivas e as verdades absolutas, fechadas sobre si mesmas como as cidades muradas, não contêm". Em qualquer território que seja, e também nas organizações, esse é o caminho régio para a criatividade e a inovação.

Referências

BERTOLINI, S.; BRAVO, G. *Social capital, a multidimentional concept*, 2001. Disponível em: <http://citeseerx.ist.psu.edu/viewdoc/download?doi=10.1.1.197.1952&rep=rep1&type=pdf>. Acesso em: 18 fev. 2014.

BIOCCA, F. Realidade virtual: o extremo limite da multimídia. In: RECTOR, M.; NEIVA, E. (eds.). *Comunicação na era pós-moderna*. Petrópolis: Vozes, 1997. p. 200-25.

CASTELLS, M. *A galáxia de internet*: reflexões sobre a internet, os negócios e a sociedade. Rio de Janeiro: Zahar, 2003. (Tradução Maria Luiza X. de A. Borges).

COSTA, R. *Por um novo conceito de comunidade*: redes sociais, comunidades pessoais, inteligência coletiva, 2007. Disponível em: <www.scielo.br/pdf/icse/v9n17/v9n17a03.pdf>. Acesso em: 9 set. 2007.

DEETZ, S. Ping-pong com Stanley Deetz. *Comunicação 360°*, n. 9, p. 39, 2008. Disponível em: <http://www.revistacomunicacao360.com.br/revista9/pagina.html?pag=39>. Acesso em: 18 fev. 2014.

DUARTE, F.; QUANDT, C.; SOUZA, Q. (orgs.). Apresentação. In: *O tempo das redes*. São Paulo: Perspectiva, 2008. p. 13-16.

EISENBERG, E. M.; GOODALL JR., H. L. *Organizational communication*: balancing, creativity, and constraint. Nova York: Saint Martin Press, 1997.

GIBSON, W. *Neuromancer*. Londres: Harper Collins, 1984.

GOLDHABER, G. M. *Comunicación organizacional*. México: Diana, 1991.

GREEN, N. Community redefined: privacy and accountability. In: NYÍRI, K. (ed.). *Mobile communication*: essays on cognition and community. Viena: Passagen Verlag, 2003, p. 43-55.

KUNSCH, M. M. K. Os campos científicos de relações públicas e comunicação organizacional: tendências e perspectivas. *Comunicação e Sociedade*, ano 24. São Paulo: Umesp, 2003.

LEMOS, A. Agregações eletrônicas ou comunidades virtuais? Análise das listas FACOM e Cibercultura. *404nOtF0und*, ano 2, vol 1, n. 14. março, 2002. Disponível em: <http://www.facom.ufba.br/ciberpesquisa/404nOtF0und/404_14.htm>. Acesso em: out. 2004.

LEMOS, A. Mídias locativas e territórios informacionais. In: SANTAELLA, L.; ARANTES, P. (eds.). *Estéticas tecnológicas*: novos modos de sentir. São Paulo: Educ, 2008.

MACHADO, D. M. *A estruturação de comunidades e redes sociais em ambiente virtual*. São Paulo: PUC-SP, 2009. Dissertação (Mestrado). Tecnologias da Inteligência e Design Digital, sob orientação de Nelson Brissac, Pontifícia Universidade Católica de São Paulo, São Paulo, 2009.

MANNA, M. A comunicação flui nas redes. *Comunicação 360°*, n. 9, p. 34-36, 2008.

MARCHIORI, M. Cultura e comunicação organizacional: uma perspectiva abrangente e inovadora na proposta de inter-relacionamento organizacional. In: MARCHIORI, M. (org.). *Faces da cultura e da comunicação organizacional*. 2. ed. São Caetano do Sul: Difusão, 2008. p. 77-94.

MARIOTTI, H. Pessoas, o núcleo vital das organizações. *Comunicação 360°*, n. 9, p. 42, 2008.

MATURANA, U.; VARELA, F. J. *Autopoiesis and cognition*: the realization of the living. Dordrecht: D. Reidel Publishing Company, 1980.

NEVES, R. C. Diversidade: condição para a evolução. *Comunicação 360°*, n. 9, p. 42, 2008.

PUTNAM, L.; PHILLIPS, N.; CHAPMAN, P. Metáforas da comunicação organizacional. In: CLEGG, S. R.; HARDY, C.; NORD, W. (orgs.). *Handbook de estudos organizacionais*: ação e análise organizacionais. São Paulo: Atlas, 2004.

RECUERO, R. *Redes sociais na internet*. Porto Alegre: Sulina, 2009.

RESTREPO, M. J.; ANGULO, J. R. *Intervenir en la organización*. Santafé de Bogotá: Significantes de Papel Ediciones, 1995.

RHEINGOLD, H. *The virtual community*: homesteading on the electronic frontier. Nova York: Harper Perennial, 1993.

RIEL, C. B. M. *Principles of corporate communication*. Hemel Hempstead: Prentice Hall, 1995.

SANTAELLA, L. *Culturas e artes do pós-humano*: da cultura das mídias à cibercultura. 3. ed. São Paulo: Paulus, 2008.

SANTAELLA, L. *Linguagens líquidas na era da mobilidade*. São Paulo: Paulus, 2007.

SCROFERNEKER, C. M. A. Trajetórias teórico-conceituais da comunicação organizacional. *Revista Famecos*, Porto Alegre, n. 31, p. 47-53, dez. 2006.

SOOJUNG-KIM, P. Mobility, convergence, and the end of cyberspace. In: NYÍRI, K. (ed.). *Integration and ubiquity*: towards a philosophy of telecommunications convergence. Viena: Passagen Verlag, 2008.

SOUZA e SILVA, A. Do ciber ao híbrido: tecnologias móveis como interfaces de espaços híbridos. In: ARAÚJO, D. C. (ed.). *Imagem (Ir)realidade*: comunicação e cibermídia. Porto Alegre: Sulinas, 2006, p. 21-51.

SROUR, R. H. *Poder, cultura e ética nas organizações*. Rio de Janeiro: Campus, 1998.

TORRES, J. C. Cyborgcracia: entre gestão digital dos territórios e redes sociais digitais. In: DI FELICE, M. (org.). *Do público para as redes*: a comunicação digital e as novas formas de participação social. São Caetano do Sul: Difusão, 2008, p. 227-85.

XIMENES, F. A experiência do Google. *Comunicação 360°*, n. 9, p. 44, 2008.

NETWORK SOCIETY: DA ESFERA PÚBLICA PARA A CONECTIVIDADE

Massimo Di Felice

As formas digitais do social e as novas arquiteturas do sentir

O filósofo Perniola, observando as transformações das culturas geracionais, escreve:

> Pondo em relação a nossa maneira de sentir com a dos nossos avôs, advertimos uma distância maior daquela que existe entre a nossa forma de pensar e a deles, entre o nosso modo de agir e o deles. Certo. Pensamos e fazemos coisas diferentes, mas não temos a impressão de que em tais âmbitos tenha acontecido uma mudança assim profunda a ponto de alcançar não apenas os conteúdos, mas também as condições da experiência: ao contrário, no âmbito do sentir, a mudança não foi apenas o objeto, mas o modo, a qualidade, a forma da sensibilidade e da afetividade (PERNIOLA, 1997, p. 67).

Provavelmente, a origem de tais profundas mudanças deve ser procurada não apenas nos conflitos geracionais, nem no espírito estético dos novos tempos (MAFFESOLI, 2001), mas, sim, nas transformações da técnica, ou seja, nas novas modalidades de interação e de dinamismo sensorial e perceptivo que as novas mídias e as novas tecnologias digitais proporcionam para as novas gerações.

A cultura da interação e da manipulação diferencia, de fato, as gerações que nasceram já no interior dos contextos midiáticos digitais – os "nativos digitais" – e vem substituir a cultura e as estéticas do espetáculo que marcaram as gerações do cinema e da TV. Não se trata de simples transformação estético-comunicativa, mas da introdução de novas "psicotecnologias" (DE KERCKHOVE, 2009) que alteram a forma de ver e perceber o mundo e o modo de interagir nele. Tal premissa resulta importante se há o desejo de se entenderem as dimensões e a profundidade das transformações culturais e comunicativas em curso nas culturas jovens.

Uma nova cultura tecnológica e comunicativa define o cotidiano e a existência das novas gerações que vivem em contextos sociais e midiáticos digitais e que promete alterações qualitativas na política, na democracia e na forma de pensar a sociedade. A passagem de um modelo comunicativo com base na separação identitária entre emissor e receptor, e em um fluxo comunicativo bidirecional, para um modelo de circulação das informações em rede no qual todos os atores são, ao mesmo tempo, emissores e receptores – portanto, tecnologicamente ativos –, altera a prática e o significado do ato de comunicar. Este se torna o resultado da interação com os circuitos informativos e dos estímulos contínuos das interfaces e das distintas extensões comunicativas.

> O horizonte das tecnologias da comunicação, portanto, é um tipo de terreno que produzimos e que ao mesmo tempo nos transforma e nos reproduz, mas, ainda mais, é a forma paradigmática na qual é sintetizado o espírito de uma época; o lugar onde habitam os simulacros e os fantasmas desde sempre fundadores de qualquer sociedade; a pele da nossa cultura (DE KERCKHOVE, 2009, p. 56).

Tal transformação tecnológica, qualitativamente distinta das formas midiáticas anteriores, parece se apresentar como um fato social qualitativo enquanto resultado de uma alteração tecnológica portadora de um novo paradigma comunicativo de um novo tipo de interação social. A criação de um sistema comunicativo em rede introduz uma nova estrutura comunicativa interativa em todos os níveis da sociedade, criando outra cultura tecnológica que supera a concepção instrumental do uso, que convida à interação e à manipulação, e que, sobretudo, não produz apenas informações, mas relações sociais. Tal nova cultura midiática difundiu práticas sociais e formas de sentir inovadoras cujos exemplos mais conhecidos são a difusão de blogs, a cultura de produção e postagem de vídeos no YouTube, e a cultura das redes sociais e das comunidades virtuais (Orkut, SecondLife, MySpace, Facebook etc.).

A natureza jamais neutra da linguagem e de cada sistema linguístico mostra a vocação heteronômica do 'instrumento' capaz de se tornar moldador de conteúdo e formatador de pensamentos. Analisar a relação entre linguagem e sociedade, entre a tecnologia midiática e o sentir, é provavelmente uma das formas estratégicas para entender as mutações em curso. Nesse contexto, mais que democracia eletrônica ou "ágora digital", parece ser mais oportuno falar de dissolução do público e do político, portanto, de uma radical transformação antropológica.

A criação de um sistema comunicativo em rede introduz uma nova estrutura comunicativa interativa em todos os níveis do social, criando uma situação social na qual o sentido do lugar e das interações é desenvolvido em simbiose com a mídia, determinando o advento daquela que Meyrowitz define como "situação social tecnológica":

> De fato, um exame mais aprofundado da dinâmica de situações de comportamento indica que o lugar enquanto tal é na realidade uma subcategoria da noção mais inclusiva de campo perceptivo. A natureza da interação não é determinada pelo ambiente físico enquanto tal, mas pelos modelos de fluxo informativo [...] A situação social e os comportamentos no interior da sociedade podem ser modificados pela introdução de novos meios de comunicação [...] A situação social pode ser considerada também como um sistema informativo, isto é, como um determinado modelo de acesso às informações sociais e como um determinado modelo de acesso ao comportamento das outras pessoas (MEYROWITZ, 1985, p. 61).

Tal definição considera a análise para além das situações sociais que se produzem nos espaços física e arquitetonicamente delimitados, quebrando a tradicional distinção que se produziu entre os estudos de interação e os estudos midiáticos. O conceito de sistema informativo desenvolvido por Meyrowitz indica que o ambiente físico e os "ambientes" das mídias pertencem a um *continuum,* e não a uma dicotomia, fazendo com que a difusão das mídias eletrônicas crie muitas novas situações sociais.

As formas digitais do social passam a deslocar as relações para metageografias e metaespaços midiáticos, mudando o significado e as práticas de atuação dos atores sociais, sejam eles indivíduos, grupos, classes, instituições ou empresas. Surge, assim, um social inédito, temporário e invisível que se cria e se desconstrói continuamente e no qual as transformações de seu contexto acontecem por meio de um conjunto de *networks* dos quais a internet constitui o sistema operativo.

Sob o ponto de vista sociocomunicativo, a arquitetura da internet, que possibilita a relação e a troca entre as *networks*, torna possível a participação, a modificação e a transformação, partindo de qualquer ponto da rede. As redes digitais, portanto, uma vez que têm em si a complexidade de um sistema social, consequentemente não podem ser descritas apenas como estrutura midiática nem ser pensadas somente como sistema de repasse de informações (mídia).

A deslocação do social nas redes digitais não anula seu funcionamento no interior das arquiteturas tradicionais do espaço social (estado, cidades, mercados), mas o ressignifica por inteiro. As empresas, as instituições públicas, os governos, as universidades, os atores políticos estão sendo profundamente alterados pela rede. Nas organizações, na cultura e nos processos inovadores, as tradicionais hierarquias política e socialmente consolidadas estão sendo progressivamente substituídas por formas colaborativas de experiências de trabalho em rede. Para todos os tipos de instituição e organizações, a mutação identitária e a heterogênese tornam-se as práticas fundamentais e constantes no interior de um contínuo processo de adaptação aos novos territórios interativos, dinâmicos e instáveis das redes digitais.

Sob o ponto de vista filosófico, a sociedade digital realiza e divulga uma cultura hermenêutica que inviabiliza a difusão de metanarrativas e de verdades absolutas. Para descrever a qualidade do pensamento que se dissemina e se multiplica nas redes, provavelmente se deve recorrer a um tipo de narrativa que não pretende mais se supor como absoluta, mas que assume epistemologicamente seus limites e suas fraquezas, algo próximo ao que Vattimo (1989) definiu como **pensamento frágil**. A consequência é a construção e o desenvolvimento de uma lógica que, parafraseando Jacques Derrida, podemos definir como "da hospedagem" epistêmica.

Diferentemente dos sistemas comunicativos anteriores, nos quais o público recebia informações prontas, essa nova tecnologia passa a estimular a participação e a interação simbiótica do usuário com as interfaces e os saberes em rede. Tal nova condição, definida como **inteligência conectiva** por De Kerckhove (1997), evidencia, de fato, o advento de cultura da participação na qual o cidadão deve continuamente construir a própria informação e, sucessivamente, editar e difundir o próprio conteúdo na rede.

Esse novo cenário midiático e "tecnopsicológico" revela a inversão do sistema de agendamento (*agenda setting*) e sua substituição pelo poder do clique, que fornece ao usuário a capacidade de estabelecer o conteúdo e as prioridades das informações. É necessário, portanto, repensar a esfera pública que, se Habermas definia como o comum debate racional dos burgueses reunidos contra o público, passa agora, no interior dos novos *habitats* informativos e interativos, a ser determinada autonomamente pela conectividade de cada indivíduo, superando, assim, as fronteiras coletivas do público. O que Chris Anderson, editor-chefe da revista *Wired*, diz em sua famosa teoria A Cauda Longa, é que os processos econômicos devem ser aplicados também para os mecanismos político-cognitivos que estão redefinindo o social contemporâneo: o processo de fragmentação do público determinado pelas redes digitais. Sob o ponto de vista sociológico, muito além da direção da constituição de uma nova esfera pública digital, mais ampla e mais interativa, parece delinear a constituição de uma multiplicidade sem unidade e de uma infinita multiplicação de sentidos.

As multiplicações de blogs, sites, fóruns, grupos de discussão digitais e de *social networks* mostram o advento de um novo tipo de social que não se parece com suas análogas formas modernas e que acontece longe dos tradicionais e claramente delimitados espaços públicos. Mais que cultura do público e do coletivo, a rede parece parir as formas indefinidas e indefiníveis de um social "transorgânico" que pede interpretações inéditas.

O fim dos pontos de vista centrais

A vocação democrática das tecnologias midiáticas é uma constante em seu processo evolutivo e no interior das revoluções comunicativas que, ao introduzir um novo meio, instauraram novas práticas incrementando a eficiência e a velocidade das informações e ampliando sistematicamente seu acesso. Essa característica de inclusão e participação generalizada deve ser entendida como um dos espíritos fundadores da ação comunicativa, cujo rastro é possível encontrar desde as primeiras práticas e que, nos dias atuais, as arquiteturas digitais de comunicação em rede prometem realizar tecnologicamente através do acesso universal a todas as informações e da implantação do direito de todos (indivíduos, empresas, instituições) ao mesmo poder comunicativo, independentemente da posição geográfica ou social.

Essa é uma utopia já tecnologicamente possível – e prestes a se realizar –, produto daquele longo processo de acesso que as três revoluções comunicativas realizaram ao longo da História, cada uma delas determinando, com a introdução de novos meios, como destacado por McLuhan (1971), a possibilidade de alcançar um público cada vez maior com tempo e custos cada vez menores. Isto é, o incremento da velocidade de distribuição das informações e de seu livre acesso marca a inteira história da ação comunicativa e, de certa forma, constitui sua própria vocação e sua própria utopia.

Se, como observou Vernant (1993), o teatro e o espetáculo são os elementos fundamentais para o desenvolvimento da democracia ateniense enquanto tornam públicos os argumentos de discussão e os valores éticos da pólis, com a difusão da escrita e do livro no fim da época medieval, assiste-se a uma ulterior e maior ampliação do acesso público às informações. Em um contexto no qual as informações contidas na "mídia" livro eram de propriedade dos monges – os quais as guardavam nas bibliotecas dos mosteiros – e da hierarquia eclesiástica que havia sobre os conteúdos dos livros, o acesso exclusivo e o poder absoluto de regulamentar a difusão, a invenção de Gutenberg possibilitou o incremento da velocidade de reprodução e de circulação das informações, realizando a passagem da reprodução manual dos textos para a impressão. Tal alteração na forma de multiplicar e difundir as informações, além de separar a escrita do monopólio da interpretação religiosa, em pouco tempo torna tecnicamente impossível qualquer tipo de restrição e controle dos textos escritos por parte das elites eclesiásticas, resultando, assim, ineficaz a prática da censura. Os livros, antes proibidos e queimados publicamente nas praças europeias, com a nova tecnologia se difundirão com mais velocidade, permitindo o acesso e espalhando ideias revolucionárias que culminarão na difusão dos valores leigos.

Logo em seguida à Revolução Francesa, tais ideias estarão na origem do surgimento da sociedade civil e, sucessivamente, da difusão do contrato social e do começo dos estados de direto, assim como depois do advento da eletricidade a mídia de massa contribuirá para a difusão e consolidação das democracias nacionais e para o advento de uma multiplicação de "imagens de mundo" – como sugeriu Vattimo. Analisando o impacto social e filosófico da comunicação moderna, Vattimo (1989) põe em relação a transformação comunicativa e o advento da mídia de massa com a crise do eurocentrismo e do imperialismo. A crise que Lyotard (1986) denomina "das grandes narrativas", e consequentemente aquela da concepção unitária da história são vistas pelo filósofo italiano Vattimo (1989, p. 84) como crises "decorrentes da ideia de progresso que marca a noção do fim da modernidade". Tais transformações não seriam apenas acontecimentos determinados por mudanças ou inovações teóricas, ou pelas críticas que o historicismo do século 19 (idealista, positivista, marxista etc.) sofreu no plano das ideias, mas em consequência mais à crise do colonialismo e do eurocentrismo:

> Os povos ditos "primitivos" colonizados pelos europeus em nome do bom direito da civilização "superior" e mais evoluída revoltaram-se e tornaram problemática a ideia de história unitária e centralizada. O ideal europeu de humanidade foi revelado como um ideal entre outros, não necessariamente pior, mas que não pode, sem violência, pretender ter o valor de verdadeira essência do homem, de todos os homens (VATTIMO, 1989, p. 87).

Para esse filósofo italiano, a crise do ideal europeu de humanidade está estritamente ligada ao advento da sociedade de comunicação. Vattimo destaca o papel determinante desenvolvido pelos *mass media* no surgimento da sociedade pós-moderna, que ele caracteriza como uma sociedade mais caótica, mais complexa e, portanto, tendencialmente mais pluralista. Contrariamente à tradição do pensamento filosófico moderno, que sempre viu com suspeita – ou, literalmente, negou-se a pensar o papel desenvolvido pelos meios de comunicação não somente no interior das relações sociais, mas na forma de construção de significados e na forma de ver o mundo –, Vattimo defende, seguindo Benjamin e McLuhan, a importância estratégica das tecnologias comunicativas para a construção do espírito de nossas sociedades.

Essa forma de pensar a História como um curso unitário, em uma época marcada pela impossibilidade – a qual, segundo a tese aqui defendida, dá lugar ao fim da modernidade –, não surge apenas da crise do colonialismo e do imperialismo europeu: é também, e talvez mais, o resultado do aparecimento dos meios de comunicação de massa. Esses meios – jornais, rádio, TV, em geral tudo aquilo a que hoje se chama **telemática** – foram determinantes para o processo de dissolução dos pontos de vista centrais (VATTIMO, 1989).

Embora alguns momentos da História tenham passado a ser utilizados instrumentalmente e a ser censurados por grupos políticos, elites religiosas ou econômicas, os meios de comunicação sempre acabaram se transformando em instrumento de emancipação, e as mesmas *media* (jornal, cinema, rádio), que antes eram os principais veículos do controle ideológico e político, acabaram logo se tornando a arena de debate e o espaço de produção das práticas democráticas de participação.

Ao contrário das previsões catastróficas proferidas por Theodor Adorno na *Dialética do Esclarecimento*, escrita em colaboração com Max Horkheimer, e na *Mínima Moralia* – obras que apontavam para a tendência de homologação dos pensamentos e das vontades dos indivíduos em consequência do advento dos *mass media* e para o perigo da formação de ditaduras e governos totalitários facilitados pelo surgimento da cultura de massa –, a análise de Vattimo continua observando como:

> O que de fato aconteceu, não obstante todos os esforços dos monopólios e das grandes centrais de capitalistas, foi que o rádio, a televisão e os jornais se tornaram elementos de uma explosão e multiplicação generalizada de Weltanschauungen, de visões de mundo. Essa multiplicação vertiginosa da comunicação, essa tomada de palavra por parte de um número crescente de subculturas, é o efeito mais evidente dos *mass media* e é também o fato que – interligado com o fim ou, pelo menos, com a transformação radical do imperialismo europeu – determina a passagem da nossa sociedade para a pós-modernidade (VATTIMO, 1989, p. 88).

Do ponto de vista filosófico, portanto, Vattimo, como Heidegger, propõe a superação da concepção instrumental da técnica, recusando ao mesmo tempo a concepção mecanicista dos meios de comunicação, que reduzia sua análise a seus conteúdos e a suas funções persuasivas. O mesmo significado da crise e do declínio do Ocidente no pensamento do filósofo italiano aparece como fenômeno decorrente de uma transformação comunicativa, isto é, da passagem do um para os muitos, e como o declínio do monopólio comunicativo e narrativo do "centro":

> O declínio do Ocidente significa aqui a dissolução das ideias de um significado e de uma direção unitária da história da humanidade, que na tradição moderna constituiu uma espécie de plano de fundo contínuo do pensamento ocidental, o qual considerava a própria civilização como o máximo nível evolutivo alcançado pela humanidade e que, a partir disso, ouvia-se chamado a colonizar, converter, submeter todos os outros povos com os quais entrava em contato. A ideia que a história possua um sentido progressivo, ou seja, que por caminho mais ou menos misterioso e guiado por uma racionalida-

de providencial se aproxime cada vez mais de uma perfeição final, foi a origem da modernidade e, pode-se dizer, constitui a essência da mesma modernidade.[...] A queda da centralidade, e também da hegemonia política do Ocidente libertou culturas e visões de mundo multíplices que não aceitam mais ser consideradas momentos ou partes de uma civilização geral da qual o Ocidente seria o centro (VATTIMO, 1989, p. 40).

Na época contemporânea, a humanidade estaria enfrentando uma ulterior revolução comunicativa, aquela implantada pelas tecnologias digitais, constituindo, em uma concepção histórica, a quarta revolução, que, como as outras, estaria realizando importantes transformações no interior dos distintos aspectos do convívio humano. Nesta, além da expansão do elemento comunicativo, que possibilita o alcance total do público e a transmissão em tempo real de uma quantidade ilimitada de mensagens, é o mesmo processo e o mesmo significado do **comunicar** que é radicalmente transformado.

Na frente de nossos computadores, ligados em redes, para nos comunicarmos temos de interagir com nossas interfaces (mouse, teclados etc.), em um diálogo constante no qual se excluem, de fato, qualquer tipo de passividade e qualquer forma de nítida distinção entre emissor e receptor.

A construção de um social em rede, caracterizado por circuitos informativos interativos, obriga-nos a repensar as formas e as práticas das interações sociais. As fórmulas da sociedade de massa, com base na distinção identitária entre emissor e receptor, entre empresa e consumidor, instituições e cidadãos, informante e público, não conseguem mais explicar a complexidade e o dinamismo das interações sociais contemporâneas.

Os impactos sociais de tais processos, como ocorreu em outras revoluções comunicativas, são qualitativos e estendem o processo de multiplicação de informações e de visões de mundo em uma rede interativa atópica[1] na qual é possível ter a mesma possibilidade de acesso às informações em qualquer ponto da rede. Esse elemento técnico, como em outras revoluções comunicativas, transforma-se em uma realidade conceitual que inviabiliza, material ou teoricamente, a constituição de pontos de vista centrais. Com a extinção das representações topográficas do centro e das periferias e de seu correlato imaginário, a rede digital interativa apresenta-se como outra ecologia e como outra forma comunicativa do **habitar**. A impossibilidade técnica da criação de pontos de vista centrais convive na rede com a difusão de práticas de manipulação das informações e com

---

[1] Da palavra atopos, de origem grega, que significa lugar paradoxal, estranho, indefinido.

a disseminação de uma cultura comunicativa do imediatismo que, em seguida ao advento da computação móvel (*laptop* e celulares) e do espaço *wireless*, obriga a uma redefinição do conceito da ação comunicativa na sociedade contemporânea

A auréola digital, o fim do agendamento e as redes públicas digitais

Se as formas analógicas das arquiteturas comunicativas, surgidas com o teatro e perpetuadas até as telas da TV e do cinema, foram todas ligadas à visualidade e à produção de espectadores e, portanto, de público, as redes digitais, surgidas com as novas tecnologias comunicativas interativas, parecem produzir formas táteis e **transorgânicas** de interações, que, estimulando a participação tecnologicamente mediada, em lugar de espectadores, criam **tecnoatores**[2] e formas de interações e de ativismo **transorgânicos**.

Jamais completamente passivo, mas tecnologicamente impossibilitado de intervir ativamente no processo comunicativo, enquanto ponto final do fluxo informativo analógico, o espectador, o leitor, o ouvinte ou o telespectador encontravam-se relegados à condição de excluídos do processo de construção da mensagem que chegava até eles, de fato, já pronta.

Por milênios, os fluxos comunicativos foram unidirecionais[3] e a forma de distribuição dos conteúdos mantinha as dinâmicas piramidais da emissão de informações de um centro (emissor) para uma periferia (receptor). A revolução comunicativa digital introduz, pela primeira vez na História da humanidade, um modelo comunicativo **rizomático**,[4] com base no sistema de rede que, anulando a distinção identitária entre emissor e receptor, oferece a todos os internautas (**tecnoatores**) o mesmo poder comunicativo e igual oportunidade de acesso. Entretanto, inaugu-

---

[2] O termo é inspirado na teoria ator-rede de Latour (2013), que considera a prática científica em rede partindo de seus atores em seus contextos de produção. A rede, por ele caracterizada, é composta de elementos animados (humanos) e inanimados (objetos), conectados e agenciados.

[3] Os estudos de recepção, difundidos nos anos 1980, e aqueles dos estudos culturais dos anos 1990, baseiam-se nas considerações do modelo semiótico-textual de Umberto Eco (1960, apud WOLF, 1998) – que mostrava o caráter semiótico e interpretativo do processo comunicativo entendido no esforço interpretativo do receptor para interpretar e traduzir em sua linguagem a mensagem, e que, portanto, não estava em condição meramente passiva – fundamentam-se na mesma lógica analógica que separa identitariamente o emissor do receptor e que, por conseguinte, descreve o processo comunicativo de forma piramidal, isto é, assim como a difusão da mensagem: do centro para a periferia.

[4] O conceito de rizoma é abordado por Gilles Deleuze e Félix Guattari na obra *Mil platôs* (1995).

ra, sobretudo, um tipo de interação que ativa a comunicação e a torna possível somente no interior das interações dinâmicas entre interfaces, redes e internautas, conferindo, a estes últimos, o papel de construtor das informações, e, àquele, o papel de produtor de conteúdos. Uma forma de produção definida duplamente colaborativa, na medida em que foi construída em colaboração com os fluxos informativos das redes e com os conjuntos de internautas, e, por sua vez, também colaborativa, por ser produzida em simbiose com as interfaces que realizam a conexão e difundem formas de **inteligência conectiva**.[5]

As redes digitais apresentam-se não apenas como redes de pessoas, com consequente impacto na forma da ação política e na gestão tecnológica dos processos decisórios, mas também como uma rede **transorgânica**, na qual a cidade, o coletivo, o planeta passam a assumir as formas de dados informativos, criando, assim, uma interação dinâmica com o indivíduo, que é chamado a recriar e a significar, por meio de interfaces, o próprio social e seu mesmo território.

Como o teatro na antiga Grécia, o foro no mundo romano, a praça na cidade renascentista, e a imprensa, o cinema e a TV na sociedade moderna, as tecnologias da comunicação digital estão redesenhando as arquiteturas das formas de participação, possibilitando, pela primeira vez na História, uma tomada de palavra generalizada que permite, a cada **tecnoator**, de criar conteúdo e de difundi-lo na rede.

As formas habitativas, ou seja, as interações entre o sujeito e o território, mediadas pelas tecnologias digitais, assumem, nos novos contextos digitais, as formas dinâmicas e imateriais de uma interação informativa. A gestão das informações, o modo de construção dos processos decisórios sai, assim, do controle da mídia emissora e transforma o indivíduo, não mais parte de um público, em sujeito tecnologicamente ativo e potencialmente autônomo.[6]

Como em outras eras comunicativas, também nos contextos comunicativos atuais a introdução de uma nova tecnologia passa a estimular práticas inéditas, difundindo hábitos e meios de interação que acabam por alterar valores, hábitos e estilos culturais socialmente consolidados. Portanto, o que está de fato em jogo, com o advento das redes digitais, não

---

[5] O conceito de inteligência conectiva foi desenvolvido por Derrick De Kerckhove na obra *A pele da cultura* (2009).
[6] Sobre essa passagem tecnológica que compreende a superação do conceito de público, aconselha-se a leitura da obra por mim coordenada *Do público para as redes* (São Caetano do Sul: Difusão, 2009), que reúne análises de alguns dos principais pesquisadores mundiais da comunicação digital.

é apenas a alteração de modelos comunicativos ou a mudança de estratégias de marketing, mas também os valores, a ética social,[7] os significados do ato de comunicar, as formas de participação e, consequentemente, o mesmo conceito de democracia.

Não há dúvida de que a cultura que se está propagando na época da quarta revolução comunicativa nos contextos digitais, além de dar continuidade e ampliar a vocação democrática dos meios de comunicação, está difundindo práticas e valores inéditos que desafiam normas jurídicas, valores e práticas historicamente importantes e coletivamente compartilhados.

Sobretudo, após o advento da Web 2.0, a consolidação de redes sociais digitais (*social network*) está impondo a disseminação de uma cultura do acesso, que, além de decretar tecnologicamente o fim dos pontos de vista centrais, dadas as qualidades colaborativas da rede, espalhou uma cultura da interação e da simultaneidade, a qual tem como efeito a produção de uma tomada coletiva da palavra por setores, etnias e pessoas em geral, que, de simples espectadores, passam a produzir conteúdo e a disponibilizá-lo na rede por interfaces e tecnologias cada vez mais eficientes e cada vez mais populares.[8]

A estrita relação entre cultura e tecnologia e a difusão de inúmeras práticas inovadoras nas ações conectivas (blogs, sites, Flickr, YouTube etc.) capazes de fornecer a cada indivíduo, etnia, instituição e empresa a possibilidade de criar sua própria auréola digital,[9] editando direta e autonomamente seus conteúdos, revela-nos que, atrás das mídias analógicas (jornais, revistas, TV), há um problema democrático relativo ao acesso e aos limites tecnologicamente impostos ao direito coletivo de expressão e, consequentemente, aos meios de participação. De fato, a forma analógica da mídia de massa, na medida em que se baseia na emissão de uma mensagem por parte de um emissor que a constrói e a direciona a um público, acaba inevitavelmente limitando, agendando e controlando o debate, decidindo, assim, o agendamento e o conteúdo das informações que o público, em seguida, receberá, e fornecendo o direito à palavra apenas para as elites emissoras (líderes de opinião, políticos, empresários etc.).

---

[7] Uma obra esclarecedora sobre a influência das tecnologias digitais é *A ética hackers*, de P. Himmanem.
[8] Pensa-se a respeito da habilidade das novas gerações e das características interativas de suas práticas comunicativas e tecnologicamente sociais.
[9] A relação entre a auréola e esfera digital foi feita por Derrick De Kerchove. Em uma recente conversa, ele comentou a respeito desse conceito a ser destacado em sua próxima obra, na qual descreve a rede digital de contato e de acesso de cada um.

Mais que um problema político, tal limitação se deve a um fato e a uma realidade tecnológica que inviabilizam, por questões de armazenamento de espaço e de edição, o acesso de todos à palavra, e que impossibilitam, pelas qualidades técnicas próprias dos processos comunicativos analógicos, a tomada de palavra dos leitores e da audiência em tempo real.

Essa natureza hierárquica da comunicação analógica é hoje questionada pelas qualidades técnicas das redes digitais e pelos valores atribuídos à descentralização e à interatividade, difundidas pelas práticas comunicativas na rede. Mais uma vez, como ocorreu na história da comunicação, as inovações tecnológicas produzem efeitos maiores no âmbito da percepção da cultura e dos valores. Cabe aqui, embora com alguma reserva, a citação de McLuhan (1971, p. 52), segundo a qual "as sociedades sempre foram influenciadas mais pela natureza da mídia através das quais os homens comunicavam que pelo conteúdo da comunicação".

A teoria da *agenda setting* havia já chamado a atenção, pela análise de alguns estudiosos (Maxwell McCombs, Robert McLure, T. E. Patterson, Donald Shaw)[10] sobre o poder de agendamento e, consequentemente, de exclusão das mídias de massa de assuntos, conteúdos e realidades consideradas menos importantes. De acordo com tal teoria, o poder da mídia estava, mais que na potencial capacidade de persuasão, em seu poder de edição e em sua habilidade de estruturar o debate no interior das esferas públicas nacionais pela inclusão e pela exclusão de argumentos e temáticas da agenda midiática e, consequentemente, do debate público. Além disso, observava-se como, no interior da cultura midiática analógica, o acesso à esfera pública era restrito aos líderes de opinião e, portanto, a uma elite social (intelectuais, formadores de opinião, políticos etc.) – prática que perpetuou e difundiu a concepção de uma cultura elitista do social.

A cultura comunicativa que nasce nas redes exprime o advento de um acesso coletivo e, sobretudo, direto, sem mediações nem censura, que transforma o elemento técnico da interatividade em um valor social, cada vez mais consolidado, compartilhado e experimentado, sobretudo, pelas novas gerações.

As redes digitais não apenas tendem a invalidar a teoria da *agenda setting* – como apontam as inúmeras notícias que continuamente a rede antecipa e que somente no dia seguinte passam a ter espaço na imprensa e na mídia em geral, por óbvios problemas de tempo e de velocidade da produção analógica das informações –, mas também espalham o prazer, a cultura e os valores de outro tipo de práticas informativas que se baseiam

---

[10] Destaca-se a obra de Maxwell McCombs, *The agenda-setting role of the mass media*.

na construção colaborativa e rizomática de conteúdo. Há mais de vinte anos algumas pesquisas propuseram a substituição da teoria da *agenda setting* pela da *agenda building*,[11] que enfatizava os fluxos comunicativos, cognitivos, simbólicos e os processos de construção múltipla e colaborativa de opinião, resultado de uma lógica negocial.

Em paralelo à cultura e às práticas colaborativas que as **tecnoculturas**, do Flickr, do Facebook, do Orkut e das inúmeras *social networks*, estão tornando valores constituidores da cultura e do agir da nossa época, a rede difundiu uma nova prática e um novo tipo de prazer informativo, resultado de um percurso individual de busca e de navegação na rede. Uma atividade que prefere construir a informação, procurar, copiando-e-colando, indo diretamente às diversas fontes pelo fácil acesso a elas permitido pela rede, em lugar de acessar a notícia já pronta, emitida por uma única fonte.

Essa é uma transformação importante na cultura comunicativa contemporânea que vai em direção a pensar o processo de aquisição das informações como resultado de coletas e investigações diretas e pessoais, as quais não somente tendem a superar os mediadores, mas também mostram esteticamente o advento de uma relação com as informações não mais apenas conteudística, mas experiencial e imersiva. Uma vez que as tecnologias informativas possibilitam o acesso direto às notícias, permitindo diversas formas de interatividade, "informar-se" deixa de ser apenas um ato racional e objetivo para se tornar também uma atividade de interação que possibilita um "estar aí" e uma forma de participação à distância de um evento que deixa, portanto, de produzir apenas um "assistir" aos acontecimentos.

Mais que ler notícias, difundem-se hoje entre as novas gerações e internautas o desejo e a possibilidade técnica de mergulhar nela, "experienciando" as informações e ao mesmo tempo, por meio da prática da interatividade, tornar-se parte delas.

As formas de ativismo e de intervenção a distância dos internautas evidenciam as características dessa nova forma de informação que expressa claramente os elementos de uma nova cultura midiática. No decorrer de 2009, temos o exemplo do apoio dos internautas do mundo inteiro aos manifestantes no Irã, os quais protestam contra as fraudes eleitorais. Em lugar de apenas assistir às notícias, os internautas, independentemente da distância, tornam-se parte delas, são protagonistas dos acontecimentos, superando a antiga separação entre emissor e receptor.

---

[11] O termo *agenda building* foi pela primeira vez proposto em 1983, por Engel e Lang, com base no resultado de suas pesquisas sobre Watergate.

Nesse contexto, o significado de tornar pública uma notícia adquire outro sentido que não somente diz respeito a difundir na mídia o relato de um acontecimento, mas também a fazer com que o acontecimento se torne, por meio da rede, público de fato, isto é, compartilhado, vivenciado e alterado pelas redes digitais pelos internautas individualmente.

Faz-se necessária, assim, a superação do conceito de **público**, uma vez que, nos contextos digitais, receber as informações pode significar, ao mesmo tempo, interagir e contribuir para a construção de processos de mudança pelas ações tecnologicamente colaborativas.

A manipulação técnica e a perda do controle das informações

No século 5 a.C., na Magna Grécia, na região da Sicília, no extremo sul da Itália, durante o período anual das apresentações teatrais, difundiu-se a prática de se decidir o melhor espetáculo por votação pública. Ao final das apresentações, o público de Siracusa, reunido no teatro, decidia quem ganharia a competição levantando a mão. Tal fato, ao chegar aos ouvidos de Platão, foi motivo de reflexões críticas por parte do filósofo ateniense. Comentando a respeito da música e da infração a suas leis, Platão proferia seus versos hostis contra o público movido, por culpa dos poetas, por "um entusiasmo de bacantes" – "Os públicos dos teatros de mudos tornaram-se falantes, como se fossem capazes de entender o que nas artes é belo ou não; e ao invés de uma aristocracia em fato de música se teve uma miserável teatrocracia" (PLATÃO, 2000, p. 83).

A estrutura filosófica do pensamento do aluno de Sócrates não lhe permitia ter muita simpatia pelo público, assim como pelo livre acesso da população às decisões – as quais, de modo geral, deveriam ser tomadas somente pelos sábios filósofos. Tal "desagradável" tendência do povo a "opinar sobre tudo" coincidia para esse pensador com outra "natural inclinação das massas" a não respeitar as leis. Na concepção de Platão, a cidade estava sendo ameaçada por uma nova espécie de calamidade, por ele definida como "teatrocracia", presente já em atitudes, situações e leis, como aquelas permitidas na Sicília, "onde a música e o teatro se remetiam ao julgamento da multidão dos espectadores chegando a fazer proclamar o vencedor por levante de mão".

A aversão ao acesso coletivo a informações e ao público em geral se manteve uma constante na cultura ocidental. Passando pelas distintas épocas da História, é fácil encontrar a mesma concepção platônica em diversos momentos. Seja na época da tradução do texto sagrado na língua dos camponeses da Alemanha do século 16, efetuada por Lutero e advertida pelas autoridades católicas como uma vulgarização do sagrado, seja na época da Revolução Industrial, quando o desenvolvimento dos meios de comunicação passou a determinar o surgimento de uma nova e muito mais ampla cultura de massa. Embora em contextos e significados distintos, o medo da "teatrocracia" e da participação das massas está constantemente presente nas críticas desenvolvidas por diversos autores à cultura e à sociedade de massa.

Desde a obra de Tocqueville, mas, sobretudo com os escritos de Ortega y Gasset e Eliot, as críticas às massas e a seus "gostos" passaram, na época moderna, a alcançar seu ápice. Uma evidente analogia com os escritos de Platão pode ser encontrada na obra *The revolt of the masses*, de Ortega y Gasset (1978, p. 76):

> A massa resolveu avançar para o primeiro plano da vida social, ocupar os lugares, usar os instrumentos e gozar os prazeres até agora reservados a poucos. [...] Seria tal transformação a determinar, assim, as características de uma nova ameaça pela cultura europeia, derivante desses novos bárbaros incapazes de quaisquer outros esforços além do que lhes é estritamente imposto como uma reação à compulsão externa.

O acesso de todos a todas as informações é algo ainda longe de ser realizado em nossas sociedades contemporâneas, mas sabemos que há, nos dias atuais, pelos motivos aqui expostos, a possibilidade técnica de que isso venha a acontecer. Isto é, há hoje condições tecnológicas para permitir a conexão planetária e o acesso de todos a todas as informações, com consequentes benefícios para a formação e para a participação ativa das populações mundiais, sobretudo, as economicamente menos favorecidas.

Mais uma vez, tal abertura não virá, como aconteceu na história da comunicação, por decreto, ou seja, de cima para baixo. Obviamente, há políticas que podem favorecer e avançar o processo, e outras que, ao contrário, podem atrasá-lo, mas ainda uma vez, provavelmente, será a socialização da técnica a realizar, desde a base, a utopia da conexão planetária coletiva.

Na base de tal revolução, estão as profundas transformações na estrutura comunicativa que levaram a processos de autonomia informativa irreversíveis. Voltando à metáfora da auréola, sugerida por De Kerckhove, ainda em fase de elaboração, podemos pensá-la além da visualização de um conjunto de contato e de relações que um sujeito, uma empresa, uma etnia ou uma instituição constrói digitalmente, também como o lugar da construção, dialógica e compartilhada, da própria reputação social. Duas coisas a respeito precisam ser ditas. A primeira é que se sabe onde a auréola digital começa, mas não onde termina. Ou seja, é elástica e metageográfica e, ao mesmo tempo, é algo que cada indivíduo, empresa, etnia ou instituição realiza autonomamente da própria rede de conexão direta, isto é, sem mediações do tipo analógico. A segunda é que essa é o resultado de interações e diálogos constantes em rede abertas que fazem com que nenhum "santo" possa sozinho determinar a intensidade do brilho de sua própria auréola.

É um aspecto "oximoroso" que, ao mesmo tempo, torna a qualidade das relações em rede, algo que parece ser o máximo da autonomia e, contemporaneamente, o máximo da dependência. Nesse sentido, mais que uma contraposição entre individual e coletivo, público e privado, o princípio de conectividade parece mostrar, mais uma vez, as evidências de uma nova cultura comunicativa que prefere, em vez do espetáculo, a manipulação tecnológica das informações.

A presença em nosso cotidiano dessas novas culturas comunicativas, que praticam sua sociabilidade e suas interações pela técnica, testemunha a difusão dessa mudança comunicativa. A lógica da manipulação é a lógica do disco-jóquei (DJ), que intervém sobre trechos musicais alterando a sequência e introduzindo, com interfaces, sequências, ruídos, frases musicais. Da mesma forma, o blogueiro insere imagens recolhidas na rede e compõe seu texto com citações de outras fontes, posta foto e cria sequências hipertextuais.

O que está atrás dessa cultura midiática, bem sintetizada pela difusão do Twitter, é o prazer e a lógica da simultaneidade, isto é, da atualização contínua e da comunicação em tempo real *always on-line*, que os telefones celulares, a computação móvel e os espaços *wireless* estão se tornando uma prática coletiva. O que é importante compreender, para não repetir o mesmo erro de Platão, de Eliot, de Ortega y Gasset e de muitos outros pensadores é que esses são claros sinais do advento de uma nova arquitetura cognitiva.

Da autonomia financeira da campanha presidencial de Barack Obama, realizada com financiamento público on-line, ao comediante italiano Beppe Grillo, cujo blog defende a transparência e a reforma estrutural da política italiana,[12] até as infinitas formas de *social network* que atuam na rede por meio de intervenções digitais nos territórios locais, emerge algo que escapa ao controle e à imediata compreensão. Exemplos de difusão incontrolada da comunicação, esses são apenas alguns tipos de interação inexplicáveis pelas velhas teorias analógicas do agendamento, que, longe de serem acepções, constituirão cada vez mais a normalidade dos fluxos informativos das redes digitais e da cultura comunicativa de nossa época, marcada pelo fim do controle e do direito exclusivo da edição das informações.

---

[12] O blog mais acessado da Europa e entre os quatro mais do mundo, na última campanha eleitoral para o parlamento europeu, em 2009, promoveu listas cívicas apartidárias que elegeram, entre outros candidatos, Sonia Afano, a mulher que obteve maior número de votos naquela corrida eleitoral.

Referências

CASTELLS, M. *A sociedade em rede* – A era da informação: economia, sociedade e cultura, v. 1. São Paulo: Paz e Terra, 2002.

DE KERCKHOVE, D. *A pele da cultura*: investigando a nova realidade eletrônica. São Paulo: Annablume, 2009.

DELEUZE, G.; GUATTARI, F. *Mil platôs*. São Paulo: Editora 34, 1995. v. 1.

DI FELICE, M. *Do público para as redes*. São Caetano do Sul: Difusão, 2009.

_____; PIREDDU, M. (orgs.) *Pós-humanismo*: as relações entre o humano e a técnica na época das redes. São Caetano do Sul: Difusão, 2010.

KERCKHOVE, D. *Connected intelligence*. Toronto: Somerville House, 1997.

LATOUR, B. *Reagregando o social*: uma introdução à teoria do ator-rede. Salvador: EDUFBA, 2013.

LYOTARD, J. F. *A condição pós-moderna*. Rio de Janeiro: José Olympio, 1986.

MAFFESOLI, M. O imaginário é uma realidade. *Revista Famecos*: mídia cultura e tecnologia, v. 1, n. 15, p. 74-81, ago. 2001.

MARCUS, G. E.; FISHER, M. M. J. *Antropologia come critica culturale*. Milão: Anabasi, 1994.

MEYROWITZ, J. *No sense of place*: the impact of eletronic media on social behavior. Nova York: Oxford University Press, 1985.

McLUHAN, M. *Os meios de comunicação como extensão do homem*. São Paulo: Cultrix, 1971.

ORTEGA Y GASSET, J. The revolt of the masses. In: SWINGEWOOD, A. *O mito da cultura de massa*. Rio de Janeiro: Interciência, 1978.

PEREIRA, E. S. *Ciborgues indígen@s .br*: a presença nativa no ciberespaço. Brasília: UnB, 2007. 169 f., il. Dissertação (Mestrado em Ciências Sociais). Universidade de Brasília, Brasília, 2007.

PERNIOLA, M. *L'estetica del novecento*. Bolonha: Il Mulino, 1997.

PLATÃO. *Diálogos I*. São Paulo: Edipro, 2000.

SWINGEWOOD, A. *O mito da cultura de massa.* Rio de Janeiro: Interciência, 1978.

VATTIMO, G. *A sociedade transparente.* Lisboa: Edições 70, 1989.

VERNANT, J.-P. *L'homme grec*. Paris: Seuil, 1993.

WOLF, M. *Teorias da comunicação de massa.* São Paulo: Martins Fontes, 1998.

CAPÍTULO 6

COMUNICAÇÃO, CULTURA E ECONOMIA NA FASE DA MULTIPLICIDADE DA OFERTA

Valério Cruz Brittos (in memoriam)
Helenice Carvalho

Ao mesmo tempo que outros movimentos são viabilizados na área das organizações sociais e de experiências alternativas, vivem-se dias complexos, instigantes, criativos, de aceleração de processos inerentes ao capitalismo, como o oligopólio e a exclusão. Esta é a Fase da Multiplicidade da Oferta de bens simbólico-culturais, cujo embrião teve início no final da década de 1980, e, no caso brasileiro, com formatação efetiva em 1995. Tal demarcação remete à estruturação definitiva do mercado de TV por assinatura, revelando-se uma indústria paralela que surgiu para enfrentar a TV aberta, uma vez que a ampliação da oferta televisiva é um marco no consumo cultural, pela importância dessa mídia na economia, na política e na sociabilidade.

Entende-se, por conseguinte, que a Fase da Multiplicidade da Oferta conforma-se como um momento histórico que caracteriza a produção, a distribuição e o consumo cultural em geral, em que a disputa não se dá unicamente do nível intrassetor, como salas de cinema de uma mesma cidade ou editoras de livros de um país, mas igualmente do nível intersetores, levando diversos campos a competirem entre si, todos buscando a conquista do consumidor, em uma economia da atenção. Assim, por exemplo, canais televisivos disputam público com emissoras de rádio, e estas com jornais, todos engendrando estratégias para atingir e, na medida do possível, fidelizar o público, em um quadro de muita agilidade e facilidade de troca de opção por parte do consumidor.

O período atual insere-se no âmbito das alterações que se verificam no capitalismo contemporâneo, as quais podem ser resumidas como o processo de globalização acelerada em que a tecnologia e a comunicação desempenham um papel primordial no interesse do capital. Configura-se um período de desenvolvimento específico de cada setor da economia, cuja ocorrência considera a presença de um número cada vez maior de agentes e produtos disponíveis no mercado, inscrevendo-se como um dado do capitalismo contemporâneo, cujos reflexos criam questões singulares, especialmente na área comunicacional. Se o fenômeno foi observado inicialmente no mercado de TV, posteriormente expandiu-se para outras mídias, como internet e seus provedores, informática, jogos eletrônicos e videogames em geral, e telefonia (tanto fixa, quanto móvel), além de outros setores culturais não midiáticos.

Uma expressão e uma condição para a plena manifestação da fase atual do capitalismo é a convergência tecnológica entre telecomunicações, meios de comunicação de massa e informática, alavancada pelas redes digitais de banda larga, por terra ou ar, simbolizando um projeto em que o nacional tendencialmente tem sido decidido a reboque do transnacional ou, pelo menos, do interesse das nações hegemônicas. Na busca de recursos financeiros e tecnológicos, a convergência como um todo tem ensejado associações entre companhias transnacionais, proporcionando cooperações, fusões e conglomerados. Com isso, os grupos comunicacionais brasileiros, estruturados em torno de poucas famílias, estão tendo que se associar a outros, mas o modelo de concentração da propriedade – e de poder – não diminui, amplia-se.

Na atual condensação temporal, as inovações tecnológicas espraiam-se, em aspectos organizacionais, tornando-se presentes em razões sociais de dimensões diversas, ainda que nas maiores tenham sua capacidade potencializada. Não obstante, mesmo sendo a tecnologia um mecanismo essencial de redução do tempo de rotação do capital, é também viabilizadora da informação alternativa, fluidificando-se os polos de emissão, sem eliminar as barreiras à entrada, uma vez que os mercados tendem a permanecer oligopolizados, e que as posições cimeiras seguem sendo disputadas por um círculo reduzido de companhias. Em síntese, reproduzem-se no mundo virtual as mesmas assimetrias verificadas no plano presencial, verdade também aplicável às (poucas) aberturas.

Tecnologias e mídias

A Fase da Multiplicidade da Oferta[1] possibilitou a formação e a expansão de conglomerados multimídia, o intercâmbio entre corporações transnacionais, a proliferação de formatos de programação mundializados e a transmissão em larga escala de bens desterritorializados, especialmente no que tange ao mercado multimidiático. Há uma convivência de vários sistemas de mídia, dos tradicionais generalistas às variadas possibilidades de distribuição segmentada, chegando a iniciativas personalizadas. Desse modo, o público dissolve-se entre um grande número de opções, com sérias consequências para a manutenção de um horizonte cultural comum, dificultando, portanto, a comunicação da sociedade com si própria em torno de uma mesma base de valores e informações.

Estabelece-se a Fase da Multiplicidade da Oferta "a partir da convicção de que, na contemporaneidade, um conjunto de elementos caracteriza o **fazer comunicação**, distinguindo-o de outros momentos históricos anteriores" (BRITTOS, 2006, p. 13-20). Trata-se de um período específico do desenvolvimento do campo da comunicação e da cultura em que o número de agentes disputando a atenção dos consumidores amplia-se substancialmente de maneira que a concorrência ultrapassa as tradicionais estratégias voltadas para o olhar intramídia. Ao contrário, cada vez mais é necessária uma visão intermídia, considerando-se, de um lado, que os vários meios concorrem entre si, e, de outro, que um pode ser usado para conquistar fatias de mercado ou reforçar resultados. Como tem sido regra do mundo corporativo neste século 21, todos são adversários, mas também parceiros, dependendo da situação e dos objetivos.

Simultaneamente, em aspectos planetários, há um entrecruzamento de parâmetros sociais, nesta Fase da Multiplicidade da Oferta, repercutindo na alteração profunda das noções de espaço e tempo e na tendência de realinhamento das fronteiras, fenômeno que chega de modo acelerado nos planos da cultura e do entretenimento, constantemente marcados pela velocidade e pela instantaneidade, ou seja, pelo fator on-line. Assim, é evidente que os produtos desterritorializados são o eixo (não exclusivo) de

---

[1] O conceito Fase da Multiplicidade da Oferta vem sendo trabalhado por Brittos desde 1998, tendo sido publicado primeiramente em BRITTOS, V. C. A televisão no Brasil, hoje: a multiplicidade da oferta. *Comunicação & Sociedade*, São Bernardo do Campo, 1999, n. 31, p. 9-34. Depois disso, a ideia vem sendo desenvolvida e ampliada em diversos textos, pelo autor original e por outros pesquisadores. Para um mergulho maior nessa ideia, consulte BRITTOS, V. C. Digitalização, democracia e diversidade na Fase da Multiplicidade da Oferta. In: BRITTOS, V. C. (org.). *Digitalização, diversidade e cidadania*: convergências Brasil e Moçambique. São Paulo: Annablume, 2010. v.1.

programação das emissoras pagas, de sites, de redes sociais, de circuitos cinematográficos e de festivais. Isso se dá muitas vezes com transmissão em tempo real, com captação simultânea (ou em diferido, com base nas várias possibilidades de gravação) em rede mundial, dando a impressão ao receptor de que ele realmente faz parte da cena ou do show (para isso utilizando-se de recursos específicos).

No capitalismo contemporâneo, há um redimensionamento do espaço local, com a proliferação de bens e empresas transnacionais, formatos de programação mundializados, conglomerados multimídia e intercâmbio entre organizações – mesmo aquelas sem atuação em escala mundial assimilam referentes globais e devem responder estrategicamente a outros empreendimentos com ações planetárias. Reproduzem-se entrecruzamentos de parâmetros sociais, repercutindo na alteração profunda das noções de espaço e tempo e na tendência de realinhamento das fronteiras, fenômeno que chega aos bens comunicacionais, marcados pela velocidade, pela instantaneidade e pelo imediatismo.

No caso característico das mídias de rede, a internet alterou a concentração midiática intensificando as características da Fase da Multiplicidade da Oferta e, de certa forma, reinventando o jornalismo, a publicidade, as relações públicas e o marketing. De um lado, há uma pulverização de sites e blogs, desde os detidos pelas grandes organizações, que migram para a rede das redes, até os mantidos por adolescentes que criam seus próprios ambientes de manifestação, passando por um grande número de propostas de agentes alternativos e acadêmicos, dentre outros. De outro lado, as indústrias culturais tradicionais, com seus arquivos poderosos e padrões tecnoestéticos reconhecidos pelos públicos como superiores,[2] acabam sendo, ainda, os espaços mais acessados, reiterando a hegemonia verificada nas mídias tradicionais. Tal moldura atinge diretamente os ofícios tradicionais da comunicação em seus modos de fazer, ora quebrando paradigmas, ora incidindo diretamente sobre tradições de seus produtores.

Desde o advento da internet e sua relativa popularização, as principais estratégias competitivas dizem respeito à instantaneidade, à possibilidade de grande visibilidade e ao poder de midiatização – características que qualquer grupo econômico ou marca que as incorpore em suas estratégias comunicativas passam a ter. Entretanto, as tecnologias da informação

---

[2] Para ver estudo dos padrões tecnoestéticos das indústrias culturais, que consiste na base das barreiras à entrada estético-produtiva, consulte BRITTOS, V. C. Televisão e barreira: as dimensões estética e regulamentar. In: JAMBEIRO, O.; BOLAÑO, C.; BRITTOS, V. C. (orgs.). *Comunicação, informação e cultura*: dinâmicas globais e estruturas de poder. Salvador: Edufba, 2004. p. 15-42.

e da comunicação (TICs) sozinhas não asseguram a verdadeira comunicação, mas uma quantidade enorme de dados que precisa ser trabalhada de muitas outras maneiras pela corporação, tanto em nível externo quanto interno. Ou seja, não basta a rede; é preciso **também** a rede. Destituída de sentido, a informação não é capaz de gerar valor. Torna-se necessária a inclusão de **mais uma ferramenta** à grande caixa de instrumentos que é a comunicação – não no sentido de substituição, mas de inclusão no conjunto de estratégias, especialmente naquelas ligadas ao diálogo. Na verdade, o excesso de informação não raro tem sido apontado como um problema de comunicação, inclusive pela dificuldade de identificar a mais adequada e fidedigna (uma tarefa, sem dúvida, para os profissionais de comunicação, os verdadeiros mediadores desse sistema).

Faz-se cada vez mais presente o que Jenkins (2006) denominou **cultura da convergência**: uma mudança cultural viabilizada com a redução dos custos de produção e distribuição possibilitados pelas tecnologias digitais. Tais reduções permitem a apropriação de algumas tecnologias por parte dos receptores, que passam a ser também produtores de conteúdos midiáticos. Apesar da capacidade de captação de público muito reduzida e da trajetória eventualmente quebrada, quando, na dialética homogeneização-diferenciação, conseguem produzir e distribuir bens simbólicos de baixo custo, que remetem ao imaginário do consumidor e, ao mesmo tempo, simbolizam alguma inovação capaz de gerar atração especial. Então, o que acaba se verificando é que, em algumas situações, não há quase distinção entre produção e recepção.

Redes e inovação

Com a evolução tecnológica, conformaram-se a internet e todos os seus desdobramentos, entre os quais o e-mail, as intranets, os diversos modelos de portais e sites, os sites corporativos, os blogs, os microblogs, os floggers, as chamadas redes sociais, como o Orkut, os grandes provedores e os poderosos mecanismos de busca, como o Google e o Yahoo. Todos, nos dias atuais, com certeza, fazem parte do cotidiano de inúmeras empresas e pessoas. Hoje, o Facebook passa a ser utilizado com diversas funcionalidades, enquanto o Twitter torna-se uma ferramenta corporativa da maior importância na relação das empresas e grupos com seus públicos (efetivos ou potenciais). Não blogar ou não tuitar é estar fora do jogo. Essa circularidade acaba confirmando a máxima proposta, tantas vezes pronunciada por Abelardo Barbosa, o **Velho Guerreiro** – na verdade, conhecido como o apresentador Chacrinha, grande sucesso da TV brasileira dos anos 1970 e 1980 e um ícone da cultura midiática por sua enorme capacidade de comunicação com as massas: "Quem não se comunica se trumbica."[3]

Simultaneamente, cada vez mais cresce a concentração do controle e do poder da mídia. Não é de hoje a constatação de que o Google, o maior site de buscas na internet, além de se tornar a maior multinacional do mundo virtual, vem controlando todo o conhecimento gerado por seus usuários e identificando os hábitos de 710 milhões de pessoas (NEIVA, 2008). Sob aspectos organizacionais, a modernização muda a noção comunicacional das corporações e o que se verifica, por via de regra, é a absorção da inovação tecnológica e sua inserção em um contexto que já existe. Não significa dizer que isso agora é regra, e que em todas as conjunturas empresariais havia anteriormente uma comunicação organizacional estruturada e formalizada. Muitas vezes, inclusive, as empresas que não têm um sistema de comunicação formal previamente estruturado tendem a implantar as TICs com mais rapidez e facilidade.

A Web deve ser compreendida como mais um utensílio comunicacional, mais uma mídia (integradora de outros meios), entre as tantas disponíveis, que, se bem utilizada, pode ser bastante útil e proveitosa. Entretanto, tem suas regras e limitações, as quais devem ser consideradas pelos profissionais de comunicação, acentuadamente. Mais que tudo, não pode substituir os elos de geração de sentido e valor humanos que a própria organização deve ter em sua essência e praticar no cotidiano das relações estabelecidas com funcionários, fornecedores e consumidores, dentre outros agentes com os quais se relaciona. Assim como as indústrias culturais e a TV, em específico, toda empresa requer elementos que a diferenciem simbolicamente, dominando todas as suas potencialidades e limitações, tanto do ponto de vista técnico, quanto legal, a fim de evitar, ao máximo, danos de imagem e frustrações.

A rede, por meio de blogs e do Twitter, possibilita a seus usuários a participação na produção de conteúdos midiáticos, com base em uma mediação interativa autorizada, o que já não ocorre com a TV. Primo (2007) fala em interação mediada pelo computador, ligando essa interação à cognição. A internet permite também o exercício político inerente a cada sujeito e sua participação, senão nas decisões políticas de seus países e comunidades, ao menos nos agendamentos de temas e assuntos a serem tratados pelas mídias hegemônicas e pelos governos, pois basta um clique

---

[3] MEMÓRIA GLOBO. Perfis – Talentos: Chacrinha. Disponível em: <http://memoriaglobo.globo.com/perfis/talentos/chacrinha/trajetoria.htm>. Acesso em: 5 maio. 2014.

e uma mensagem toma proporções gigantescas, o que deve ser visto de forma relativizada, já que não é o mais usual.

Em âmbito geral, pode-se dizer que a riqueza do coletivo é significativamente maior que a obtida individualmente, e este é o grande trunfo da Web: potencializar a disseminação da informação e do conhecimento, tornando-o potencialmente universal e democrático, o que não ocorre automaticamente, pela tecnologia em si, mas pela ação consequente dos agentes sociais, envolvendo Estado, mercado e sociedade. A ação positiva sobre a teia social, exercida pela rede mundial de computadores, é considerada por Gorz (2005, p. 21) uma externalidade positiva:

> Temos aqui o exemplo perfeito daquilo que se conhece como "externalidades positivas", isto é, os resultados coletivos que surgem de interações individuais e têm sobre estas uma ação positiva. Externalidades positivas são sempre coletivamente úteis, beneficiam todos os indivíduos, não podem ser estabelecidas conforme o plano de uma empresa qualquer que ela seja, nem compradas por dinheiro algum, e nunca são convertidas em propriedade privada. O saber vivo universal e a cultura do cotidiano pertencem às externalidades positivas.

Nesse quadro, o fenômeno da comunicação midiática, aquela produzida e difundida por meios tecnológicos, tem um papel fundamental. Os canais de internet, TV, rádio, jornais e revistas difundem informações que, ao serem absorvidas pelas coletividades, contribuem de forma decisiva para a formação de concepções de mundo e a tomada de decisões. Nessa dinâmica, a rede mundial de computadores é o principal mecanismo de contato e geração de tessituras de conhecimento por ser uma mídia que engloba outras mídias e porque é a que mais cresce no atual momento (explicável por ainda estar em curva de expansão, enquanto as demais praticamente estagnaram ou, eventualmente, até estão em processo de retração). Além do mais, amplia seus efeitos sobre as demais, revelando-se condicionante. Duas limitações desse processo são as muitas angulações e parcialidades dos meios tradicionais e a segmentação limitadora das novas mídias, que acabam falando para públicos muito específicos.

Em direção semelhante ao exposto, Pinho (2003, p. 17) salienta que a internet "está se tornando fundamental aos planos de relações públicas de grande parcela de companhias cujos sítios foram desenhados como centros de informação para consumidores reais e potenciais". Observa-se que mais importante que estabelecer canais de vendas (essenciais, certamente, em inúmeros casos) é construir espaços relacionais, de aprofundamento de contatos entre os públicos, o que, no mundo organizacional, em particular, tende a se transformar em negócios. Então, a inovação passa pelas redes, embora não possa ficar circunscrita a elas.

Comunicação, cultura e economia interligam-se na Fase da Multiplicidade da Oferta, da qual emerge a criatividade como um fator fundamental, já que há necessidade de inovação crescente de todos os processos. No entanto, o que é requerido é uma criatividade concebida como "um conjunto de procedimentos previamente definidos, descolado(a), portanto, de visões associadas a genialidades isoladas, sem qualquer compromisso com as práticas cotidianas e o sentido social" (CARVALHO; BRITTOS, 2006, p. 91-117). É uma criatividade relacionada com a ideia de diferenciação, de agregação de elementos a produtos, processos e estruturas. Logo, não é uma criatividade próxima de uma liberdade criativa, mas sim da noção de inovação schumpeteriana (SCHUMPETER, 1985, p. 62-63). Imbricam-se processos e refazem-se limites, de forma que o simbólico-comunicacional torna-se um fator fundamental na formação do valor econômico, enquanto a mídia industrializada dinamiza-se em consonância com as lógicas econômicas.

Considerações finais

Nesta Fase da Multiplicidade da Oferta, a Web torna-se uma mídia estruturante na medida em que os outros espaços tentam absorver seus modos de atuação, com destaque para a interatividade. Mais que isso, a internet tende a absorver outros meios, como o impresso, primeiramente, depois o áudio, e hoje o vídeo, tudo com novas funcionalidades, encontrando como principal entrave a velocidade de navegação. Na contemporaneidade, a midiatização passa por esta ferramenta, que, por si própria, é a convergência, gerando conhecimentos, recriações generalizadas e novas exclusões. Por essa evolução tecnológica, e pela necessidade de acelerar o processo de valorização capitalista, a comunicação assume um papel condicionador de estruturas, negócios, recursos e experiências, além do tradicional caráter de elemento condicionado pela infraestrutura. A questão central que não pode ser perdida de vista é que hoje a comunicação está simultaneamente na estrutura e na infraestrutura de todos os processos, o que a reposiciona quanto a limites e circunscrições.

São redes que, ao mesmo tempo que difundem informações, também produzem conhecimento e agregam valor ao estimularem a participação dos usuários, os quais, mesmo que por meio disso sintam-se participantes de novas experiências interativas, acabam gerando elementos a serem incorporados preferencialmente por controladores de empreendimentos privados. Todavia, é inegável que, de outra parte, tal estímulo interativo pode também produzir resultados positivos diretamente para seus participantes individuais, enquanto cidadãos e representantes de entidades (de âmbito público-social ou mesmo privado). É a especificidade da comunicação e da economia digital (esta última, especialmente, sem funcionar descolada da analógica), em que a apropriação por um agente não exclui sua eventual assimilação por outro componente sinalizador de abertura para outros usos dessas redes.

Referências

BRITTOS, V. C. A televisão no Brasil, hoje: a multiplicidade da oferta. *Comunicação & Sociedade*. São Bernardo do Campo, n. 31, p. 9-34, 1999.

_____. Introdução. In: BRITTOS, V. C. (org.). *Comunicação na Fase da Multiplicidade da Oferta.* Porto Alegre: La Salle São João, 2006.

_____. Televisão e barreira: as dimensões estética e regulamentar. In: JAMBEIRO, O.; BOLAÑO, C.; BRITTOS, V. C. (orgs.). *Comunicação, informação e cultura*: dinâmicas globais e estruturas de poder. Salvador: Edufba, 2004. p. 15-42.

_____. Digitalização, democracia e diversidade na Fase da Multiplia cidade da Oferta. In: BRITTOS, V. C. (org.). *Digitalização, diversidade e cidadania:* convergências Brasil e Moçambique. São Paulo: Annablume, 2010. v.1.

CARVALHO, H.; BRITTOS, V. C. Os sítios das emissoras de TV aberta: uma proposta de análise da comunicação organizacional virtual. In: AMARAL, R. (org.). *Sociedade do conhecimento.* Lages: Uniplac, 2006.

GORZ, A. *O imaterial:* conhecimento, valor e capital. São Paulo: Annablume, 2005.

JENKINS, H. *Convergence culture:* where old and new media collide. Nova York: New York University, 2006.

MEMÓRIA GLOBO. *Perfis – Talentos:* Chacrinha. Disponível em: <http://memoriaglobo.globo.com/perfis/talentos/chacrinha/trajetoria.htm>. Acesso em: 5 maio 2014.

NEIVA, P. Estamos sendo observados. *Veja*, São Paulo, n. 2091, p. 150-160, 17 dez. 2008.

PINHO, J. B. *Relações públicas na internet:* técnicas e estratégias para informar e influenciar públicos de interesse. São Paulo: Summus, 2003.

PRIMO, A. *Interação mediada por computador:* comunicação, cibercultura, cognição. Porto Alegre: Sulina, 2007.

SCHUMPETER, J. *A teoria do desenvolvimento econômico.* 2. ed. São Paulo: Nova Cultural, 1985.

ESTUDO DE CASO 1

SOCIEDADE, COMUNIDADE, COMUNICAÇÃO E TRANSFORMAÇÃO SOCIAL: UMA EXPERIÊNCIA EM CONSTRUÇÃO NA SAMARCO

Juliana Machado Cardoso Matoso

O DNA da Samarco

Ao completar 35 anos, as pessoas, em geral, já tomaram várias grandes decisões na vida: formar-se, trabalhar, casar-se ou não, ter filhos ou não, e realizar um grande sonho. Tudo isso faz parte da evolução dos seres humanos. Com as empresas também é assim. Aos 35 anos, completados em 2012, a Samarco não é mais apenas aquela empresa concebida como um projeto inovador de lavra de minério de ferro de baixo teor. Orgulhosa de seu histórico de superação, conserva na memória a ousadia de integrar, desde o início, todas as etapas de sua produção: mineração, beneficiamento, transporte por minerodutos, pelotização e exportação em porto próprio.

A opção da empresa foi levar a polpa de minério por um mineroduto de quatrocentos quilômetros, que sai de Mariana (MG) e vai até Ubu (ES), sendo processada, em seguida, na que era a maior usina de pelotização do mundo. Foi um tempo de muito trabalho, mas também de comemoração.

O primeiro embarque, feito em 24 de agosto de 1977 quando o navio Itel Hercules partiu para a Bélgica com 62,1 mil toneladas de finos, coroou o sonho de começar diferente.

Por isso, para a Samarco, essa é a data de fundação do projeto pioneiro que derivaria em uma grande empresa que está hoje entre as dez maiores exportadoras do Brasil. A empresa produz e fornece pelotas de minério de ferro – com alta tecnologia e respeito às pessoas e ao meio ambiente – para, além do Brasil, a Ásia, América do Sul, Europa e África. A mineradora – cujos acionistas são a BHP Billiton e a Vale – tem a capacidade instalada de produção de 22,250 milhões de toneladas anuais, gerando pelota de Redução Direta (DR) e pelota para Alto-Forno (BF), além dos finos (*pellet feed* e *sinter feed*), excedentes do concentrado de minério.

Ao longo de três décadas e meia, o mundo se transformou e o Brasil precisava acompanhar as mudanças. Os anos 1980 inauguraram a relação entre economia e meio ambiente, derivando, mais tarde, na família das ISO 14000. A década de 1990 trouxe toda a importância de garantir a melhor qualidade aos produtos e processos, fixando como meta a obtenção das certificações ISO 9000. E o século 21 deu relevância às vinculações sociais do negócio, culminando com a criação da NBR 16000 e da ISO 26000 para gestão da responsabilidade social e da sustentabilidade. Ao redor das empresas, as pessoas ampliaram sua voz.

Com vinte anos de estrada, a Samarco implantou o Projeto Expansão (P2P) e, em 1997, colocou em operação outra planta de pelotização em Ubu, desenvolvida com o que era considerado, então, o **estado da arte** em tecnologia e processos. A usina tornou-se referência de implantação de projetos de mineração na América Latina por sua robustez e segurança. Em um mês, a planta alcançou sua capacidade nominal, situando a Samarco no patamar de segunda maior exportadora transoceânica de pelotas do mundo, posição que ocupa até hoje.

Em 2006, ao iniciar as obras do Projeto Terceira Pelotização (P3P) – que incluiu uma nova usina de concentração, em Germano (MG); a terceira usina de pelotização, em Ubu (ES); e um novo mineroduto, além de investimentos na ampliação dos equipamentos e instalações de infraestrutura das áreas de mineração, estocagem e embarque –, a Samarco percebeu que detinha um potencial ainda maior de fomentar desenvolvimento econômico e social para os 29 municípios e 81 comunidades com os quais já se relacionava.

Entendida como incremento fundamental à nascente licença social para operar – evidentemente somada à governança forte e à boa reputação corporativa –, a estratégia era investir no diálogo aberto e frequente com os vizinhos que se compunham também, em grande parte, de seus empregados. Esse foi o berço da área social da Samarco, destinada a cruzar os quatrocentos quilômetros da faixa de servidão dos minerodutos da empresa para ouvir o que as pessoas tinham a dizer.

O processo gerado por essa permanente revisão em sua forma de atuar é a aposta da Samarco no que se refere a sua capacidade de articulação com a sociedade para buscar objetivos comuns. Em 2011, após estudo promovido pelo Reputation Institute, a empresa colheu o resultado de uma reputação forte. Na escala de 0 a 100 da Metodologia RepTrak, ficou entre 70% e 79%.

A Samarco inaugurou em 2014 a Quarta Pelotização, cuja expansão integrada ampliou a capacidade produtiva da empresa em 37%. Trata-se de um investimento de R$ 5,4 bilhões e do primeiro projeto carboneutro desse porte no Brasil, o que significa que o balanço de emissões do processo será igual ou menor a zero, ou seja, as emissões de gases de efeito estufa serão totalmente compensadas.

Até 2022, a Samarco pretende dobrar seu valor e ser reconhecida, por empregados, clientes e sociedade, como a melhor do setor. Para conquistar essa visão, preza pelo respeito às pessoas, acreditando em seu papel de influenciar e contribuir para melhorar a vida de cada uma delas; atua com dignidade e ética junto às partes envolvidas no negócio; e está mobilizada para gerar resultados duradouros com criatividade, cooperação e simplicidade.

A empresa quer ser referência em crescimento sustentável, em valorização dos empregados, em estímulo à pesquisa e inovação visando à ecoeficiência, em respeito ao meio ambiente e em protagonismo social. No entanto, para alcançar os melhores resultados, é preciso aprender a construir em conjunto, a somar esforços no sentido de multiplicar os frutos do que está sendo plantado. Para isso, a Samarco precisa contar com seus empregados, clientes, comunidades, o Poder Público, as instituições representativas do setor e demais públicos de relacionamento em um mesmo movimento para a transformação social.

É assim que a empresa tem feito diferença para seus públicos, entre eles mais de 840 mil pessoas que compõem a população de sua área de atuação. E é desse modo que pretende honrar o compromisso com seu DNA de inovação e transformação.

O DNA da comunicação

Na década de 1980, a universidade onde estudei, a Pontifícia Universidade Católica de Minas Gerais (PUC Minas), acrescia ao nome do curso de Comunicação o termo **Social**. Nessa época, ao prestar vestibular, os pretendentes às três áreas tradicionais – Relações Públicas (RP); Jornalismo; e Publicidade e Propaganda – optavam por um mesmo curso, Comunicação Social, que era comum a todas as três habilitações nos dois primeiros anos e depois se segmentava conforme a escolha de cada um. Na década de 1990, quando eu era aluna, já não era mais assim. Comecei e terminei a faculdade como estudante de RP e, da metade em diante, também de Jornalismo.

Hoje, perante os desafios da gerência-geral de Comunicação e Desenvolvimento Socioinstitucional da Samarco, pergunto por que a comunicação esqueceu seu segundo nome, pois ela nasceu e jamais deixará de ser social. Ela é o amálgama das relações entre as pessoas, tenham estas ou não um viés institucional. E, para ser cada dia mais eficaz, deve se apropriar de sua característica mais interessante: a multidisciplinaridade.

No caso das empresas, a comunicação precisa ainda mais dessa capacidade de ser essencialmente social. Basta imaginar com quantos públicos e em quantas regiões do mundo uma empresa como a Samarco necessita dialogar. Nas estratégias da área, portanto, é fundamental que a comunicação esteja atrelada a algo maior, que é estar vinculada ao plano de negócio da empresa e garantir sua competitividade. Para nós, a comunicação assume um caráter social fundante, que lhe permite apresentar a instituição para seus públicos, ouvi-los, conhecer sua realidade e, imbuída de um desejo real de transformação, apoiar seu desenvolvimento para o futuro.

Recorro a Milton Santos (1998), um dos organizadores do livro *Território: globalização e fragmentação*, que, em um dos artigos, justifica a importância do olhar para o outro e do olhar que vem do outro. Segundo o geógrafo, o território nacional é o espaço de todos, e o território "transnacional" é o de interesse das empresas, aquele que vem carregado de conteúdo ideológico estrangeiro. Para ele, é preciso compreender que hoje o território pode ser formado de lugares contíguos ou lugares em rede. Isso quer dizer que o lugar ou espaço geográfico no qual reside a mediação entre o mundo e a sociedade local se traduz em redes horizontais (lugares vizinhos reunidos pela continuidade do território) e em redes verticais (onde há distâncias físicas, mas as ligações sociais permanecem).

Assim, segundo Santos, o lugar é o espaço do solidário, mas tal solidariedade deve levar em conta múltiplos aspectos de natureza cultural, antropológica, econômica, social, financeira, entre outras. Faz-se necessário ainda pressupor as coexistências no espaço geográfico para apreender melhor cada território. O lugar é a sede de "resistência" da sociedade civil, é onde ela se revela e se reconhece. Por isso, é indispensável insistir no conhecimento sistemático de cada realidade.

Da mesma forma que a organização leva em conta a subjetividade dos sujeitos com os quais dialoga – e que carregam consigo vivências e experiências específicas e únicas –, precisa também considerar suas próprias subjetividades e sua imagem construída e a construir. Antes de iniciar o diálogo, é necessário que a empresa apresente sua identidade de forma clara e verdadeira. Somente então cabe a ela pretender ser conhecida pelo que é ou pelo que não é, e apenas aí poderá firmar o primeiro passo de sua reputação.

Ao pensar a comunicação social como uma estratégia de sustentabilidade, tem-se como pressuposto uma atuação construída por significados e imaginários que transformem a realidade com base em um sentimento de apropriação do território por seus habitantes, sem negar o real, mas em busca de novos sentidos para ele. E que mais nós, comunicadores, buscamos além dessa potência de amadurecer e, partindo desse amadurecimento, encontrar caminhos pelos quais o diálogo, no caso da empresa, passe do "Muito prazer, eu sou a Samarco, vamos conversar?" para a possibilidade do convite: "Agora que a gente se conhece, vamos transformar para evoluir juntos?"

O DNA social

A Samarco já nasceu sediada em pequenos territórios, seguindo uma linha de atuação que começa em Germano, no município mineiro de Mariana – onde se encontram a mina e a planta de beneficiamento do minério –, continua pelos quilômetros de seus minerodutos, que margeiam 29 municípios e 81 comunidades, e chega a Ponta Ubu, em Anchieta (ES), onde estão as usinas de pelotização e o porto. Ao longo desse caminho, encontram-se uma população de mais de 840 mil pessoas e suas diversas culturas.

Na década de 1970, quando foi planejada, implantada e começou a operar, a Samarco, assim como a maior parte das empresas na época, cumpriu a legislação ambiental de instalação e operação, gerou empregos locais, movimentou a economia do país, dos estados e municípios por onde passava e se estabeleceu como fomentadora de demandas pontuais. Portanto, desde o início, a empresa estabeleceu relações próximas com as comunidades em que atuava, sobretudo nos territórios diretamente ligados a suas instalações, tanto em Minas Gerais quanto no Espírito Santo, mas o relacionamento estruturado em bases de cooperação ainda estava por vir.

No final da década de 1990, a Samarco promoveu uma expansão cujas obras aconteceram apenas dentro da empresa. Chegou o dia, no entanto, em que ela projetou um novo mineroduto na Terceira Pelotização (P3P). Para isso, no biênio 2005/2006, a mineradora estudou cenários presentes e futuros, discutiu legislações, estruturou novos planos de negócio e abriu seu mapa estratégico para crescer. Era chegada a hora de olhar para fora de um jeito diferente, para o lugar que cerca a empresa, para as pessoas que estavam ali além dela mesma. O mundo havia mudado, a sociedade havia mudado e a Samarco também tinha de mudar. O esforço agora era de conhecer essa nova realidade.

Até aquele momento, quem cuidava das relações com as comunidades vizinhas era uma equipe de comunicação que, por sua vez, estava vinculada à área de Recursos Humanos. Em 2007, porém, a necessidade de sistematizar o diálogo com as comunidades por onde o novo mineroduto passaria e de transformar o cotidiano das pessoas deu origem à criação da Gerência de Relacionamento com Comunidades (GRC), que agia em parceria com a área de Comunicação, mas respondia à gerência-geral de Desenvolvimento Sustentável.

O objetivo inicial era conhecer mais profundamente todo o território ao longo da faixa de servidão, por onde passam os minerodutos, para estabelecer estratégias de aproximação, incluindo a apresentação da Samarco como uma empresa socialmente responsável. Se até então apoiar iniciativas locais, mais diretamente concentradas nas cidades vizinhas às operações, para melhorar a vida das pessoas parecia suficiente, agora o objetivo era ir além das demandas imediatas e pontuais para induzir um desenvolvimento verdadeiramente sustentável mais planejado e contínuo.

A GRC assumiu o compromisso de articular o processo de diálogo com as pessoas nas áreas de influência da empresa, por estruturar e divulgar uma Política de Investimento Social, lançada em 2007, e por estimular os empregados a desenvolverem atividades voluntárias nas comunidades. Dessa forma, a área contribuiria com o desenvolvimento local, de modo a assegurar a reputação da empresa por meio do fortalecimento dos impactos positivos que essa poderia gerar com sua presença.

A construção desse relacionamento se transformou em uma posição estratégica para a Samarco. O processo de Diálogo Social, uma das iniciativas promovidas nessa época, foi a grande contribuição da área às adaptações do novo tempo vivido pela sociedade. Construído juntamente com as comunidades, resultou na implantação de ações com foco permanente. A atuação da Samarco passava, então, a se mostrar essencialmente proativa nas ações de diálogo social, na medida em que começou a buscar soluções conjuntas para contribuir com o desenvolvimento das comunidades.

Em 2008, em paralelo à inauguração do P3P, uma nova reformulação no organograma fez com que a GRC e a gerência de Meio Ambiente compusessem a gerência-geral de Desenvolvimento Sustentável, a qual, por sua vez, integrou a diretoria de Operações e Sustentabilidade. O trabalho continuou, consolidando ações para geração de emprego e renda, fortalecimento de competências locais, investimentos sociais, voluntariado, transparência nas informações e proximidade frequente. Tudo para integrar a empresa e seus empregados à realidade das comunidades vizinhas. A lição principal era que não se podia dialogar com as pessoas somente no período das obras, mas, sim, de forma contínua, estabelecendo laços duradouros e firmes com lideranças e comunidades.

Em 2009, para conhecer melhor os territórios de sua influência, a Samarco contratou a realização de um diagnóstico socioeconômico a ser feito em todos os municípios que impactava de alguma maneira. A ideia era trazer à luz um raio X de como a empresa era percebida pelas pessoas. No ano seguinte, mais bem instrumentalizada sobre as realidades locais, a Samarco anunciou o Projeto Quarta Pelotização (P4P), alinhado à estratégia de crescimento e de consolidação da empresa no mercado mundial de pelotas. O P4P inclui a construção do terceiro concentrador em Germano (MG), da terceira linha do mineroduto, paralela aos dois já existentes, e da quarta usina de pelotização em Ubu (ES).

Em 2011, a antiga GRC recebeu o nome de Gerência de Desenvolvimento Social (GDS) e seu escopo foi ampliado, com foco na busca de soluções que pudessem gerar valor para o negócio e contribuir para a transformação social positiva das áreas de influência da empresa. Na época, a Samarco assumiu o novo posicionamento institucional "desenvolvimento com envolvimento", que já simbolizava a expectativa de construir um futuro melhor, reunindo o esforço próprio e de todos os seus públicos de relacionamento.

No entanto, o que significa desenvolvimento? Para Sen (2003), esse não pode ser entendido apenas como o nível de produção e rendimento da sociedade, mas acrescido de uma nova visão: a da liberdade. Sob essa perspectiva, o desenvolvimento implica a remoção das restrições que limitam as escolhas e oportunidades das pessoas, ou seja, aumenta as possibilidades de realização de cada um ao intervir na realidade econômica, política e social, principalmente por meio da saúde e da educação. Para o economista, "as liberdades, além de um papel instrumental, têm um papel constitutivo do desenvolvimento".

No início de 2012, a GDS veio compor a nova gerência-geral de Comunicação e Desenvolvimento Socioinstitucional, que assumi nesse período, também passando por uma alteração em sua nomenclatura. Passou a se chamar gerência de Desenvolvimento Socioinstitucional, mas a mudança foi mais profunda. Associar o social e o institucional sintetiza a compreensão de que era necessário imprimir a marca da evolução no modelo de desenvolvimento buscado, incrementando ao papel da empresa a força do território, no sentido de promover um crescimento com oportunidade de escolha e de participação de todos para constituir uma rede integrada.

Por outro lado, novamente a atuação socioinstitucional juntou forças com a comunicação para apoiar a transformação da realidade de tantos municípios, distritos, vilas e localidades onde a empresa está presente. Só que agora a área soma olhares múltiplos, realidade permitida pela diversidade de visões da equipe de profissionais envolvidos e que vai do jornalismo e da sociologia à educação, das relações públicas à economia, da publicidade e propaganda à antropologia, da administração à assistência social.

Induzir as pessoas e instituições a pensarem em conjunto, valorizando a vocação empreendedora dos territórios e de seu pessoal, permanece sendo a visão de desenvolvimento com liberdade. O desafio agora é reunir as vontades e as escolhas locais e regionais para agir estrategicamente, no sentido de vencer, passo a passo, as dificuldades naturais a toda construção que se apresenta para a empresa e para o território. É este o projeto de futuro da gerência-geral de Comunicação e Desenvolvimento Socioinstitucional e que corrobora o DNA social que inspirou a trajetória da empresa até o momento. Seu nome é **Programa de Transformação Social**.

O DNA da transformação

Um projeto de futuro requer a confiança de quem o desenvolve e de quem será beneficiado por ele. E confiança é a marca que a Samarco imprimiu em seus relacionamentos ao longo de 35 anos. Mesmo quando sua atuação junto às comunidades era pontual, em uma posição de atendimento às demandas locais que recebia, a empresa já desfrutava confiabilidade. Prova disso é o índice de reputação forte que obteve no estudo do Reputation Institute realizado no biênio 2011/2012.

Somar essa confiança a um novo plano de negócio arrojado – que envolve os pilares do crescimento, da excelência e da conformidade – e a uma percepção da sustentabilidade como estratégia de desenvolvimento fez com que a Samarco voltasse novamente seu olhar para a forma como estava se relacionando com seus públicos, entre eles as comunidades. Esse olhar trouxe a percepção de que a Samarco não deve ser exclusivamente a protagonista do desenvolvimento que busca, mas pode ser a conectora, a influenciadora de uma rede colaborativa que alavancará a melhoria da vida nos territórios em que atua pela soma de seus esforços junto a outras instituições e lideranças.

Trata-se da ideia de rede que Manuel Castells (1999) define com maestria no livro *A sociedade em rede*. Para ele, "rede é um conjunto de nós interconectados", onde "os fluxos não têm nenhuma distância entre os nós". Ainda de acordo com o autor, "uma vez que as redes são múltiplas, os códigos interoperacionais e as conexões entre redes tornam-se as fontes fundamentais da formação, orientação e desorientação das sociedades".

Com isso, o sociólogo quer dizer que as redes podem se expandir ilimitadamente, integrando novos nós, desde que estes compartilhem os mesmos códigos de comunicação, a exemplo de valores e objetivos. E, embora a centralidade de sua obra esteja focada nas redes sociais mediadas pelas novas tecnologias, cabe inferir que seu conceito de rede cabe perfeitamente ao **Programa de Transformação Social** que a Samarco começa a pôr em prática nas comunidades onde está presente.

De acordo com o ICMM (International Council on Mining & Metals), a busca pela transformação social passa pela defesa dos direitos humanos fundamentais, assim como a cultura, os costumes, o respeito e os valores nas relações com as comunidades e empregados em direção à melhoria de qualidade de vida das pessoas. Dessa forma, a Samarco entende que, para haver crescimento sustentável, é fundamental que as comunidades tenham controle sobre os fatores que atingem seu desenvolvimento e, por isso, busca fornecer as ferramentas necessárias, como apoio a projetos realizados pelas próprias comunidades, incentivo ao acesso à educação, qualificação profissional e renda, para que atuem na busca dessas alternativas.

O **Programa de Transformação Social** que se inicia – e que tem suas metas previstas para o horizonte de 2022 – está pautado por estudos e índices que mostram que a situação educacional no Espírito Santo e em Minas Gerais é, quanto à qualificação, inferior à regional, mas apresenta uma economia que cresce acima da média nacional – principalmente no Espírito Santo.

Nesse sentido, é necessário um adicional nos estados no que diz respeito aos recursos investidos para obter-se uma educação de maior qualidade. Esses investimentos visam promover a melhoria do desempenho escolar dos alunos e contribuirão para a redução da necessidade de importação de mão de obra, já que, em uma economia aberta, o hiato entre educação e desenvolvimento é geralmente preenchido pela migração das pessoas qualificadas.

Com base nas premissas levantadas pelos estudos feitos, em especial pelos resultados do diagnóstico socioeconômico nas áreas de influência da Samarco, foram definidos seis eixos estratégicos, a seguir, voltados para a promoção da transformação social da Samarco.

» Contribuir para a universalização do atendimento da Educação Básica (Ensinos Fundamental e Médio), com foco na população de 11 a 17 anos de idade.

» Colaborar para a qualificação da mão de obra local e sua inserção no mercado de trabalho.

» Incentivar a geração de renda no território, de forma sustentável, por meio do empreendedorismo.

» Potencializar a capacidade produtiva do ecossistema Samarco no território, mediante o fortalecimento do capital institucional.

» Fortalecer a gestão do território, por meio da qualificação de lideranças públicas e comunitárias e da formação de redes colaborativas.

» Promover o exercício da cidadania e participação e estimular o desenvolvimento do território, por meio do incentivo do engajamento social entre empregados e contratados da Samarco.

Tais eixos derivaram em três temas que permeiam as ações a serem desenvolvidas no território: educação e geração de renda; capital institucional; e engajamento social interno.

Figura EC 1.1 – Eixos estratégicos – Transformação social da Samarco

LINHAS / FOCOS	EDUCAÇÃO E GERAÇÃO DE RENDA	CAPITAL INSTITUCIONAL	CIDADANIA E PARTICIPAÇÃO SOCIAL
	ESPORTE, CULTURA, EDUCAÇÃO AMBIENTAL E CIDADÃ	ELABORAÇÃO DE PROJETOS, CAPTAÇÃO DE RECURSOS, CONTROLE SOCIAL E COOPERAÇÃO	ENGAJAMENTO SOCIAL INTERNO
MÉTODOS / PROGRAMAS	CIDADÃO DO FUTURO	CONEXÃO TERRITORIAL	AGENTE DE TRANSFORMAÇÃO
SOLUÇÕES CUSTOMIZADAS	Jovem / Profissional / Empreendedor	Gestão Participativa / Desenvolvimento de Entidades	Voluntariado / Imposto Solidário

Fonte: Cedida pela Samarco.

1. Educação e geração de renda

Esse eixo passa, em primeiro lugar, pelo apoio à universalização do atendimento da Educação Básica (Ensinos Fundamental e Médio), voltado à população na faixa etária de 11 a 17 anos, nos territórios em que o investimento é mais demandado. Além desse foco, a empresa atuará nas áreas de esporte, cultura e educação ambiental e cidadã.

O pilar desse eixo é o programa Cidadão do Futuro, com o qual a Samarco já trabalha para complementação da educação básica, oferta de qualificação profissional e geração de renda. Agora o foco está no desenvolvimento de habilidades cognitivas, partindo de ações que reforcem a leitura, produção e interpretação de texto e no uso da matemática para resolver problemas cotidianos. As soluções são customizadas para jovens, profissionais e empreendedores.

Com isso, a Samarco deseja contribuir com a diminuição da taxa de abandono, de reprovação e de distorção série-idade entre os alunos, além do aumento da taxa de frequência escolar e do desempenho dos estudantes na Prova Brasil e no Enem. Os indicadores a serem utilizados são os mesmos que orientam os resultados do governo, a exemplo do Índice de Desenvolvimento da Educação Básica (Ideb), das taxas de reprovação, abandono e frequência escolar, e das notas na Prova Brasil e no Enem.

Ainda dentro desse eixo, a Samarco busca preparar as pessoas para a absorção das oportunidades que o território oferece, mediante a qualificação da mão de obra local, sua inserção no mercado de trabalho e o estímulo ao empreendedorismo.

Para atingir tal objetivo, a empresa reforçará as parcerias com as Secretarias Estaduais e Municipais de Educação; Secretaria de Estado de Ciência, Tecnologia, Inovação, Educação Profissional e Trabalho do Espírito Santo; Secretaria de Estado do Trabalho e Emprego de Minas Gerais; escolas; Sistema S; associações comerciais e empresariais; e comunidades. Os indicadores de mensuração dos resultados serão o tempo de permanência no emprego, a taxa de ocupação, o rendimento do trabalho, a renda domiciliar *per capita*, o número de empreendimentos abertos e o número de empregos gerados pelos novos negócios.

Entre os grandes desafios está a necessidade de atuar junto ao professor e às famílias, além do aluno. Dessa forma, a educação passa a ser indutora do desenvolvimento local, com base na ampliação de possibilidades que a formação libertadora do conhecimento e da capacidade permite tanto ao cidadão que forma, como ao que está sendo formado.

2. Capital institucional

Esse segundo eixo passa pela compreensão de que, para potencializar a capacidade produtiva da Samarco no território, é preciso fortalecer o capital institucional local. Não se trata, no entanto, de substituir o papel e as responsabilidades do Estado, mas, sim, de fazer com que as instituições públicas percebam seu potencial de construir junto com a iniciativa privada e com a comunidade.

As linhas de ação são o fortalecimento da gestão pública participativa, a elaboração de projetos, a captação de recursos, o controle social e a cooperação por meio de uma conexão territorial com soluções de gestão participativa e do desenvolvimento de fornecedores e entidades.

Para isso, a empresa pretende atuar com as associações comerciais, as empresas locais e o Sebrae em busca da maior qualificação dos fornecedores e das associações para o atendimento de demandas; da maior diversidade de entidades representativas do setor produtivo; do aumento da cooperação entre fornecedores e associações comerciais; e do incentivo a organizações das entidades de setores ainda não representados.

Os indicadores a serem utilizados nesse processo serão o Índice de Cooperação Institucional e Organizacional (Icio) e o Índice de Sustentabilidade do Capital Institucional (ISCI).[1] Dessa forma, a Samarco busca criar redes colaborativas entre as instituições regionais e locais, para ampliar o coeficiente de oferta de trabalho nas áreas em que atua.

Além disso, o Programa de Transformação Social pretende fortalecer a gestão do território, por meio da qualificação de lideranças públicas e comunitárias e da formação de redes colaborativas. O público dessa frente de atuação é composto pelos gestores públicos municipais e lideranças comunitárias de todos os 29 municípios que compõem a área de influência direta das operações da Samarco e da faixa de servidão do mineroduto. Em 2013, a Samarco iniciou o ciclo de fortalecimento da gestão pública. Por meio da metodologia de pensamento sistêmico, são definidas as avenidas de desenvolvimento sustentável dos municípios da área de influência direta da Samarco e as ações prioritárias para alavancar o desenvolvimento do território.

A transformação desejada é o aumento do potencial de captação de recursos, da gestão de projetos, do controle social de políticas públicas, da capacidade das lideranças locais e das parcerias em ações de desenvolvimento. Os resultados serão avaliados pelo volume de recursos captados; pelo número de projetos submetidos e aprovados para linhas de investimentos estaduais e federais; pelo percentual de execução dos recursos captados; e pela ocupação de cadeiras nas entidades de controle social.

3. Cidadania e participação social

O terceiro eixo a ser trabalhado pela Samarco no **Programa de Transformação Social** é o engajamento social de seus empregados e contratados na construção do desenvolvimento sustentável por meio da mobilização social. Essa frente parte do princípio de que o público interno é corresponsável pelas comunidades e, portanto, um forte agente de transformação – até porque ele compõe o território do entorno da empresa junto com sua família, amigos e vizinhos.

---

[1] ROCHA, J. D. A Importância do Capital Institucional na Sustentabilidade do Desenvolvimento Territorial. *Revista Sustentabilidade em Debate*, UnB, 2010.

Nesse sentido, a ideia é incentivar o engajamento social e a cessão do imposto solidário entre empregados e contratados da Samarco, partindo da premissa de que a liderança é o exemplo. A chave do sucesso é o engajamento dos líderes, permitindo que estes possam ser o espelho de suas equipes no sentido de mostrar a força da corresponsabilidade para o desenvolvimento local.

O resultado desejado em 2022 é o aumento do número de voluntários e do nível de engajamento nas áreas de influência direta da empresa. As parcerias incluem o Senai MG; a *Junior Achievement* – associação não governamental, sem fins lucrativos, presente em vários países, que busca despertar o espírito empreendedor nos jovens e combater a evasão escolar, com cursos que são aplicados, voluntariamente, pelos empregados da Samarco, em parceria firmada em 2006; os Conselhos Municipais do Direito da Criança e do Adolescente; as empresas contratadas; e o Conselho Contabilista. Os primeiros passos de 2013 incluíam novas estratégias para trabalhar habilidades para o sucesso e as vantagens de permanecer na escola.

Esses três eixos do **Programa de Transformação Social** da Samarco se pautam, substancialmente, pela capacidade de ouvir desenvolvida ao longo do tempo. O modelo de sustentabilidade que a empresa construiu em 2012 parte do princípio de que a sociedade é protagonista e exigirá participação no processo decisório das empresas, a fim de influenciar a estratégia e os planos operacionais destas para garantir valor compartilhado e equidade. Somente assim ela concederá a licença social necessária para que as organizações possam operar e crescer.

No caso da Samarco, há um núcleo bem definido para abrir esse caminho sustentável: a confiança. Sem ela, nada poderia avançar de maneira satisfatória e a ninguém seria possível acreditar no futuro. Há 35 anos, a Samarco escuta, concilia, atende, esclarece, explica, responde e pergunta. Há 35 anos, a empresa mostra sua marca por onde caminham seus produtos e seus empregados. Há 35 anos, a mineradora vem aprendendo, entre erros e acertos, a possibilidade de ser melhor para deixar um legado mais justo.

A transformação que está em curso é proativa e reúne a inspiração da liderança, o empreendedorismo responsável, a inovação e a tecnologia em uma mesma rede colaborativa. O objetivo é buscar uma nova forma de desenvolvimento, na qual o território represente as muitas vozes que o compõem e as relações estejam assentadas no desejo de construir o bem comum. Assim, quem sabe seja possível enfrentar com sabedoria os tempos líquidos e comungar com o sociólogo Zygmunt Bauman a esperança de que se "toda relação permanece única, não se pode aprender a querer bem".[2] É preciso, simplesmente, compreender que querer bem não é uma **produção** e sim um **sentido**: o sentido de estar no mundo e, existindo com o outro, fazer a diferença.

---

[2] Reportagem de Raffaella De Santis, publicada no jornal *La Repubblica*, em 20 de novembro de 2012. A tradução é de Moisés Sbardelotto. Disponível em: <http://www.ihu.unisinos.br/noticias/515813-a-filosofia-da-rotina-entrevista-com-zygmunt-bauman>. Acesso em: 20 fev. 2014.

Referências

ALVES, M. Analista de soluções socioinstitucionais da Samarco. Belo Horizonte, 8 mar. 2013. Entrevista concedida a Juliana Machado Cardoso Matoso.

BAUMAN, Z. *Coisas que temos em comum*. São Paulo: Laterza, 2012.

CASTELLS, M. *A sociedade em rede*. São Paulo: Paz e Terra, 1999.

CLÍMACO, A. Analista de desenvolvimento socioinstitucional da Samarco. Belo Horizonte, 14 mar. 2013. Entrevista concedida a Juliana Machado Cardoso Matoso.

IEDI. Instituto de Estudos para o Desenvolvimento Industrial. *Contribuições para uma Agenda de Desenvolvimento do Brasil*. São Paulo: IEDI, set. 2012. Disponível em: <http://retaguarda.iedi.org.br/midias/artigos/5088640611078c37.pdf>. Acesso em: 18 fev. 2014.

KLEIN, E. Coordenador Técnico de Soluções Socioinstitucionais da Samarco. Belo Horizonte, 11 mar. 2013. Entrevista concedida a Juliana Machado Cardoso Matoso.

SAMARCO MINERAÇÃO S.A. *Estratégia de Transformação Social para o Desenvolvimento Sustentável*. Samarco, 2012.

_____. *Relacionamento com comunidades*: diretrizes, estratégias e ações específicas. Samarco, 2011.

_____. *Relatório Anual de Sustentabilidade Samarco – RAS*. Samarco, 2011.

SAMORINI FILHO, R. Gerente de Desenvolvimento Socioinstitucional da Samarco. Belo Horizonte, 14 mar. 2013. Entrevista concedida a Juliana Machado Cardoso Matoso.

SANTOS, M.; SOUZA, M. A. A.; SILVEIRA, M. L. *Território*: globalização e fragmentação. 4. ed. São Paulo: Hucitec, 1998.

SEN, A. *Desenvolvimento e liberdade*. Lisboa: Gradiva, 2003.

ESTUDO DE CASO 2

REDES: A FORÇA DA ATUAÇÃO EM REDES PARA A CONSTRUÇÃO DA IMAGEM INSTITUCIONAL NA FUNDAÇÃO DOM CABRAL

Marina Pimenta Spínola Castro
Ricardo Siqueira Campos

A **Fundação Dom** Cabral (FDC) é uma instituição autônoma, sem fins lucrativos que, desde sua criação em 1976, capacita e desenvolve executivos, gestores, empresários e organizações, como forma de contribuir para o desenvolvimento sustentável da sociedade. Sendo assim, a FDC cria, com base na observação rigorosa do ambiente corporativo, soluções educacionais que podem ser classificadas em quatro tipos: Programas Abertos, intensivos e de curta duração destinados ao desenvolvimento de executivos e gestores; Programas Customizados, construídos com as organizações para atender às necessidades e aos desafios específicos; Programas de Pós-graduação (especialização, MBA e mestrado profissional); e Parcerias Empresariais, caracterizadas como redes de aprendizagens formadas por empresas com características e objetivos comuns.

Situada em Minas Gerais, com unidades em São Paulo e no Rio de Janeiro, a FDC conta com princípios institucionais que expressam os principais valores e conformam os elementos nutrientes da cultura da organização, além de serem responsáveis por construir e consolidar a reputação da instituição: as redes. Podem-se distinguir dois tipos de redes na FDC – as formais e as não formais. As redes formais dizem respeito à interação sistemática e orgânica entre empresas e instituições que compartilham objetivos e valores comuns. As redes não formais, por sua vez, podem ser entendidas como redes de relacionamento ou redes de conversação entre a instituição e seus principais grupos de públicos de interesse (*stakeholders*): lideranças políticas, empresariais e sociais; e mídia e formadores de opinião.

O estudo de caso deverá registrar a atuação em redes da FDC e promover uma reflexão sobre essas redes, sua associação com a cultura da organização, o papel e os desafios para a construção da imagem e reputação da FDC, considerando a cultura da organização.

Fundação Dom Cabral

A Fundação Dom Cabral (FDC) é uma escola de negócios brasileira com padrão e atuação internacionais. É uma instituição autônoma e sem fins lucrativos, considerada de utilidade pública, cuja missão é contribuir para o desenvolvimento sustentável da sociedade por meio da educação e capacitação de empresários, executivos e gestores públicos.

Essa escola de negócios foi criada em 1976, na cidade mineira de Belo Horizonte, pelo então reitor da Pontifícia Universidade Católica de Minas Gerais (PUC Minas), cardeal d. Serafim Fernandes de Araújo – atual presidente do Conselho Curador da instituição – e pelo jornalista e economista, professor Emerson de Almeida, que exerceu a presidência executiva da FDC até o ano de 2012, quando passou a ocupar o cargo de presidente estatutário.

A FDC trabalha comprometida com as organizações, construindo com essas soluções educacionais integradas, na medida em que acredita que as soluções podem ser encontradas dentro da própria organização. Mantém alianças estratégicas e acordos de cooperação internacionais que possibilitam troca de conhecimento, produção conjunta e atuação em rede com escolas de diversos países.

Os oito princípios institucionais a seguir expressam os valores e constituem os elementos nutrientes da cultura da organização.

» Utilidade

» Parceria

» Valorização da pessoa

» Autonomia

» Ousadia e tenacidade

» Qualidade e inovação

» Ética

» Autossustentação

Esses princípios norteiam uma das principais estratégias da FDC, responsável em grande medida pela construção e consolidação da reputação da instituição: as redes.

A experiência de atuação em redes

Parafraseando Cohen (2003, p. 419-59), muito já se escreveu sobre o conceito de rede. Assim, seria inadequado alongar a discussão sobre o tema, mas aqui cabe tão somente utilizar uma definição operacional que possibilite o prosseguimento de nosso relato sem o risco de equívocos na apreensão das nossas considerações.

Desse modo:

> as redes geralmente caracterizam-se por esquemas de comunicação e intercâmbio voluntários, recíprocos e horizontais. Sob outro ângulo, é possível caracterizá-las como estruturas cuja capacidade de agir é maior que a soma das partes (Ibidem, p. 434-35).

Sob o ponto de vista organizacional, a rede seria

> uma forma de pluralidade que torna possível uma nova forma de conexão social, novas formas de ação coletiva e "uma solidariedade entre estranhos" mais ampla que as anteriores.

Neste sentido, as possibilidades educacionais, de formação de vontades, de construção da opinião, de arranjos comportamentais e de edificação de representações e de reputações são, cada vez mais, nas sociedades contemporâneas, dependentes da atuação em rede (Ibidem).

Se isso é verdade para todos os campos da ação humana, no caso das organizações torna-se vital e inescapável.

A FDC atua por meio de redes empresariais desde a década de 1980, quando instituiu o Centro de Tecnologia Empresarial (CTE), que reunia renomados CEOs e presidentes das maiores empresas do Brasil, com o objetivo de trocar experiências e produzir conhecimento em conjunto. Não seria exagero afirmar que o CTE foi um dos propulsores do nome da FDC como escola de negócios no cenário empresarial brasileiro, tendo desempenhado importante papel na formação da imagem da instituição na alta administração de conglomerados econômicos do país. Ainda que não venhamos nos deter sobre tal experiência no presente relato, a menção é válida, pois confirma, desde os primeiros tempos, a estratégia de atuação em redes para divulgação da marca e construção da imagem corporativa.

I. Redes formais

Essas redes têm formalizadas sua criação e as formas de funcionamento, baseiam-se em objetivos específicos, soluções educacionais compartilhadas, intercâmbio de professores (no caso de escolas) e geração de conhecimento em conjunto e dizem respeito diretamente ao *core business* da instituição; fazem parte da operação da FDC.

a) Parcerias empresariais

Modelo educacional diferenciado e pioneiro no mundo, as Parcerias Empresariais são redes de aprendizagem em que a FDC atua como indutora de um processo de aprimoramento e capacitação de organizações de vários setores que buscam desenvolvimento e melhores resultados. Reúnem por ano mais de 750 empresas[1] e organizações do Brasil e do exterior, e expressam, na prática, o que a FDC define por construção conjunta. O intercâmbio de experiências entre e intraempresas possibi-

---

[1] FUNDAÇÃO DOM CABRAL. Relatório Anual 2012. Disponível em: <http://www.fdc.org.br/sobreafdc/gestaoresponsavel/Documents/relatorio_anual2012.pdf>. Acesso em: 6 maio 2014.

lita a aprendizagem coletiva e a implantação de modelos de gestão práticos e efetivos.

Para diferentes perfis de organizações, a FDC mantém parcerias específicas, por exemplo:[2]

> » Parceiros para a Excelência – Paex
>
> » Parceria para o Desenvolvimento de Acionistas – PDA
>
> » Parceria com Organizações Sociais – POS
>
> » Parceria para o Crescimento Sustentável e Sustentado – PCSS

Para efeito desse estudo de caso, vamos distinguir o Paex que, desde a sua criação, em 1992, já reuniu mais de 1,2 mil empresas de diferentes localidades e países. O Paex é um programa que reúne empresas de médio porte em busca da implantação de um modelo de gestão com foco em melhoria de resultados e aumento de competitividade. Por meio da construção gradativa de conhecimento e do intercâmbio de experiências em redes de aprendizagem, facilitadas e intermediadas por professores da FDC, os participantes discutem seus modelos de gestão, pondo em prática ferramentas gerenciais e estratégicas.

Os grupos são formados com até dez empresas de médio porte da mesma região, preferencialmente não concorrentes entre si, em processo contínuo de desenvolvimento e com o mesmo nível de complexidade da gestão. O tempo médio de permanência é de cinco anos, havendo casos de empresas que tenham ficado menos tempo e outros em que as empresas continuaram no programa por até dez anos. Ou seja, experimentam um tempo significativo de relacionamento contínuo e orgânico com a FDC.

É um aprendizado coletivo, acompanhado de momentos individualizados com professores dentro de cada empresa. Além disso, os executivos participam de programas de capacitação especialmente desenvolvidos para suas necessidades e seus desafios. Anualmente, é realizado um grande encontro que reúne os principais executivos das empresas parceiras para troca de conhecimentos e networking.

---

[2] Para obter mais informações sobre essas iniciativas, consulte PARDINI, D. J. et al. Redes de aprendizagem: uma proposta metodológica no ensino de acionistas e executivos. *Revista de Ciências da Administração*, Florianópolis/UFSC, v. 14, n. 33, p. 25-40, ago. 2012.

O Paex é a solução educacional da FDC com maior abrangência nacional e internacional. Está presente em todo o território brasileiro e em outros países. Esses grupos de empresários e executivos do Paex – em 2012, por exemplo, foram cerca de 7 mil participantes de 501 empresas – vivenciam a cultura da FDC ao longo da experiência de aprendizagem intensa e constante no decorrer dos anos de permanência no programa. Eles se identificam com a instituição, por meio de um processo gradativo de construção conjunta, sentem-se parceiros e consolidam um senso de pertencimento. Em última instância, colaboram com a construção da imagem da FDC e dão a essa capilaridade em territórios nacional e internacional.

b) Geração de conhecimento

A FDC investe na geração de conhecimento e criou Núcleos de Desenvolvimento do Conhecimento em diversas áreas da gestão. São espaços de produção intelectual, em parceria com empresas e organizações. Os técnicos e professores constroem com os representantes do mundo corporativo conhecimento útil e aplicável, fundamentado em estudos e pesquisas. Existem núcleos que se dedicam a temas como Liderança; Inovação; Infraestrutura e Logística; Sustentabilidade; Governança Corporativa; Negócios Internacionais; Estratégia e Economias Emergentes; e Marketing B2B e Redes Colaborativas. Os resultados dos estudos e das pesquisas são utilizados nas soluções educacionais e sustentam os programas desenvolvidos pela FDC.

Os Núcleos têm Centros de Referência e de Desenvolvimento, que contam com associações de empresas e se dedicam a estudos temáticos. São centros temáticos como o de Referência em Gestão Responsável, o de Desenvolvimento da Sustentabilidade na Construção, Inovação, entre outros, que reúnem dezenas de empresas. Estas tornam-se associadas aos Centros por meio de contrato que prevê repasse de recursos financeiros, utilizados integralmente para a manutenção de equipes de pesquisa e estrutura de trabalho.

Os representantes das empresas associadas participam de reuniões nas quais discutem os temas de vanguarda e os desafios que vêm enfrentando em seus segmentos. Junto a professores e pesquisadores, geram conhecimento que pode ser aplicado em suas realidades. Em outras palavras, constituem redes horizontais, formais, que geram valor e constroem sentidos de uma comunidade permeada pelos valores da instituição.

c) Redes de escolas de negócios

Em artigo em que se discute a aplicação da análise de redes sociais nos estudos de transferência da informação, Marteleto (2001, p. 71-81) nos ensina que "a rede social [...] passa a representar um conjunto de participantes autônomos, unindo ideias e recursos em torno de valores e interesses compartilhados". Essa formulação ajuda a compreender a estratégia e a sistemática de funcionamento dessa importante iniciativa da FDC e ilumina o sentido que recobre a atuação em rede no processo de formação adotado.

A aliança com escolas internacionais faz parte da história da FDC desde a sua criação (ALMEIDA, 2011). É possível distingui-la em alianças estratégicas e redes de cooperação. A primeira aliança foi firmada com o Insead, na França, em 1990, e deu origem ao Programa de Gestão Avançada (PGA).[3] Em 1993, foi firmada aliança com a norte-americana Kellogg School of Management, com a criação do programa Skills, Techniques and Competencies (STC). Essas alianças representam para a FDC cooperações com múltiplas atividades, intercâmbio de professores, desenvolvimento de pesquisas com relacionamentos preferencial e bilateral. Além disso, aos presidentes das escolas parceiras é atribuído assento no Conselho Consultivo Internacional da FDC, órgão composto por 85 membros de 25 países.

A FDC criou também a Rede de Escolas de Negócios da América Latina, a Enlaces, em uma parceria com a Universidade de San Andrés (Argentina), a Universidad de los Andes (Colômbia) e a Universidad de Chile (Chile). O principal objetivo da rede é estabelecer a criação conjunta de conhecimento entre as instituições, a fim de contribuir para a redução da desigualdade social, bem como o desenvolvimento regional das empresas, organizações públicas e sociedade. A Enlaces integra profissionais de mercado e acadêmicos, assim como executivos de setores privados e públicos e representantes da sociedade civil, para desenvolver conhecimentos que possam ser úteis na gestão de multilatinas e multinacionais presentes na região, pequenas e médias empresas com grande potencial para crescer, organizações públicas e ONGs da América Latina.

---

[3] Direcionado para executivos da alta administração de grandes empresas brasileiras, o PGA é o principal programa para o *top* da Administração e prevê dois módulos em território brasileiro e uma semana no *campus* da escola francesa em Fontainebleau.

A FDC também construiu uma rede de escolas de negócios dos países do BRIC: a Moscow School of Management (Skolkovo), na Rússia; a Indian Institute of Management Ahmedabad (IIMA), na Índia; e a Cheung Kong Graduate School of Business (CKGSB), na China. A cooperação deu origem ao programa BRICs on BRICs, que tem o objetivo de auxiliar empresas multinacionais a investir e operar com sucesso nesses países.

As redes de escolas internacionais, ao conectar professores e compartilhar objetivos comuns, desempenham um papel impulsionador importante do nome e imagem da FDC no cenário global. Trata-se de uma estratégia de internacionalização, que considera mais que a expansão da operação, mas, sim, a construção da imagem da escola brasileira em ambientes internacionais.

II. Redes não formais

A transparência no relacionamento com os diversos públicos de interesse é um valor para a FDC e está em consonância com os Desafios Compartilhados pela Sustentabilidade.[4] As redes não formais podem ser entendidas como redes de relacionamento entre a instituição e seus principais grupos de *stakeholders*: lideranças políticas, empresariais e sociais; mídia e formadores de opinião; moradores do Jardim Canadá (bairro próximo ao *Campus* Aloysio Faria). A constituição dessas redes de relacionamento têm como pressuposto a interação e a troca de informações, presencial ou virtualmente, como estratégia de estabelecimento de vínculos para formação de opinião, tessitura de licença social e construção da reputação.

No relacionamento com veículos de comunicação, a FDC reconhece o papel de mediador e agente construtor da realidade desempenhado pelos *media* (CASTRO, 2006). Sendo assim, estabelece um canal permanente de diálogo com os profissionais da imprensa para compartilhar o conhecimento, a fim de contribuir com a qualificação da cobertura jornalística sobre gestão sob diferentes abordagens. Diariamente, os professores e especialistas da FDC estão em contato com jornalistas, e pode-se dizer que a instituição tornou-se referência nacional (e internacional em alguns temas, como no caso de infraestrutura e logística) e conquistou legitimidade para participar do debate público sobre gestão. Para se ter uma

---

[4] A FDC tem seis desafios para a sustentabilidade, definidos pelo Comitê de Sustentabilidade e Inclusão Social da instituição: Transparência, Gestão Responsável, Responsabilidade Individual, Inovação Social/Oportunidade para Todos, Conhecimento, e Empresas e Sociedade.

ideia, anualmente, a FDC tem cerca de 3 mil inserções na mídia brasileira e internacional.[5]

É importante citar as parcerias com veículos de comunicação em ações institucionais. Ancorada pelos princípios da parceria e da inovação e norteada por sua missão, a FDC desenvolve projetos com meios de comunicação, os quais têm o objetivo de contribuir para o desenvolvimento da sociedade.

Um deles é o Prêmio Bom Exemplo, que objetiva valorizar pessoas e instituições e estimular iniciativas que contribuam com o desenvolvimento da sociedade. O prêmio foi criado em 2010, em Belo Horizonte, com a parceria da TV Globo Minas, Fiemg e jornal *O Tempo*. Em 2012, a FDC o estendeu para Curitiba, em conjunto com a RPC TV, afiliada da Rede Globo no Paraná. Além disso, a FDC é parceira da *Folha de São Paulo* no Prêmio Empreendedor Social, que valoriza empreendedores de negócios que visam à redução das desigualdades sociais. Com o jornal mineiro *Diário do Comércio*, a FDC desenvolve o Prêmio José Costa, concedido a cada dois anos a empresas com trabalho relevante em prol do desenvolvimento da economia mineira. Com a revista mineira *Ecológico*, a FDC participa do Prêmio Hugo Werneck, que reconhece o mérito dos trabalhos na área socioambiental, levando em conta fatores como criatividade, sensibilidade e sustentabilidade. Nessas ações, a FDC alcança a exposição de marca e associa a imagem da instituição a agentes de transformação da sociedade.

Ainda no âmbito dos *media*, é válido mencionar as ações de relacionamento empreendidas junto aos jornalistas dos principais veículos de comunicação. Periodicamente, a FDC organiza mesas de debates dentro das redações jornalísticas para discutir com os profissionais da imprensa os mais diversos temas em pauta no momento. A iniciativa, por um lado, compartilha conhecimento e contribui com a qualificação da cobertura jornalística, e, por outro, possibilita trabalhar o nome e a imagem da instituição com um público formador de opinião.

A FDC utiliza também, desde 2011, as mídias sociais para ampliar o relacionamento com seus públicos, constituindo redes de informação e compartilhamento do saber. A instituição está presente no Twitter, Facebook, SlideShare, LinkedIn e, ainda, no YouTube, com o *brand channel* FDC Ideas. O relacionamento com o público é feito exclusivamente me-

---

[5] FUNDAÇÃO DOM CABRAL. Relatório Anual 2012. Disponível em: <http://www.fdc.org.br/sobreafdc/gestaoresponsavel/Documents/relatorio_anual2012.pdf>. Acesso em: 6 maio 2014.

diante conteúdo e conhecimento, tendo como meta maior a consolidação nesses ambientes virtuais da imagem da FDC como instituição relevante para a sociedade. Com o objetivo de contribuir com a geração do saber, a FDC produz vídeos curtos com depoimentos de professores, gerentes e especialistas sobre temas relacionados com gestão, educação, sustentabilidade, entre outros. Os vídeos são postados no canal FDC Ideas, do YouTube.

Em números:[6]

» Twitter: 13,1 mil seguidores

» Facebook: 20.155 curtidas

» LinkedIn: 14.195 seguidores

» FDC Ideas (canal do YouTube): 8.469 visualizações

Outra ação de constituição de rede de relacionamento que integra os esforços de construção da imagem e reputação diz respeito à atuação da FDC na comunidade. Em que pese a inexistência de uma rede formal de relacionamento, a FDC desenvolve iniciativas de aproximação com a comunidade empresarial. Essas partem do topo da administração da instituição em direção a seus pares nas empresas e organizações que apresentam sinergia de valores e congruência de objetivos. Estamos falando das visitas institucionais a empresas e entidades de classe, e dos encontros nas instalações da FDC. Um exemplo marcante é o Encontro Anual com o Conselho Curador, realizado anualmente, que reúne a comunidade empresarial e política de Minas Gerais. O objetivo é apresentar à sociedade os resultados empresariais da instituição, apontar diretrizes para o ano e estreitar laços com os públicos de interesse da FDC.

Os membros da alta administração da FDC participam de conselhos de associações e entidades de classe e até mesmo de escolas de negócios de outros países, como os Conselhos Internacionais da Cheung Kong (China) e da Porto Business School (Portugal). São redes de trabalho que propiciam a interação e a troca de conhecimentos, e favorecem o processo de significação acerca da imagem da instituição.

---

[6] Dados de abril de 2014.

Como é possível perceber, as redes não formais na FDC constituem iniciativas de relacionamento com *stakeholders*, de forma horizontal, compartilhando valores e conhecimentos. Têm forte relação com a cultura organizacional e aderência aos princípios e aos valores, e podem contribuir, sobremaneira, com os esforços de construção de imagem e reputação corporativa. Carecem, no entanto, de organização, sistematização e aperfeiçoamento para se tornarem mais previsíveis e eficazes.

Conclusão

Por três anos consecutivos (2010, 2011 e 2012) no seleto grupo das dez melhores escolas de negócios do mundo e, no mesmo período, reconhecida como a primeira da América Latina, a FDC se firmou como referência nacional e internacional no setor. São décadas de história e de construção coletiva. Criada e sediada em Minas Gerais, fora do principal eixo comercial e empresarial do país, a FDC trilhou um caminho gradual e seguro para a construção de sua imagem e reputação. Muitos são os fatores que levam ao reconhecimento e não se trata aqui de refletir sobre todos eles. O presente relato de experiência procurou registrar e provocar reflexões sobre a atuação em redes e as implicações com a cultura e a imagem da instituição.

Em uma instituição que tem como princípios constituidores de sua cultura o senso de parceria, da valorização da pessoa, da autonomia, da ousadia e tenacidade, e da inovação, as redes encontram terreno fértil e propício que favorece o desempenho de papel fundamental. Não é à toa que a atuação em redes empresariais foi iniciada logo nos primeiros anos de vida da FDC, com o CTE.

O que chama a atenção, ao lançar luz na questão, é a relação entre a cultura organizacional e a capacidade de organização de redes e o impacto na constituição da imagem da FDC. Ao realçar a parceria como valor para a instituição, a FDC impregna seus processos criativos dessa força integradora das redes. Trabalhar com as organizações, seus executivos e gestores parece, nesse cenário, ser algo inexorável à prática cotidiana. Assim, o que poderia ser "vocação" é, na realidade, construção da ação humana impulsionada pelo conjunto de crenças e valores dominantes da instituição.

Por outro lado, a "vocação" para a atuação em redes amplia os contornos da imagem da instituição. Dá visibilidade e faz tecer outra rede – a rede de sentidos e significados sobre o que é a FDC e como ela é percebida, pois, como depõe Habermas (1989), nas sociedades contemporâneas, o processo de debate e de formação de sentidos é disperso e descentralizado, e ocorre em diferentes arenas sociais. "São teias discursivas em que diferentes públicos se reúnem para debaterem temas de interesse coletivo, em que opiniões são superpostas e posições, confrontadas" (CASTRO, 2006, p. 32). Desse debate pode surgir a formação das vontades da opinião e, certamente, da reputação.

Vale dizer que é notória a dimensão relacional presente na cultura organizacional da FDC. Influenciada pelos traços da cultura mineira e, provavelmente, pelo estilo das lideranças fundadoras da instituição, a FDC é uma instituição que gosta de se relacionar, gosta de conversar, de trabalhar junto. Gosta de servir café e pão de queijo, fazer rodas de conversa. As redes não formais, no entanto, demandam aprimoramento e precisam ganhar organicidade e sentido estratégico para serem ainda mais relevantes no processo de construção da imagem e reputação da instituição. A tarefa, portanto, desafia uma instituição que cada vez mais valoriza a autonomia e a força interna criativa e empreendedora e se esforça para criar e seguir processos de gestão que favoreçam a organização do trabalho. Como diz o fundador e presidente estatutário da FDC, Emerson de Almeida: "O possível a gente faz agora. O impossível demora um pouco mais."

Referências

ALMEIDA, E. *Plantando carvalhos*: fundamentos da empresa relevante. Belo Horizonte: Elsevier, 2011.

CASTRO, M. P. S. *Pobreza, cidadania e direitos humanos no Brasil*: um estudo sobre mídia e democracia. Brasília: UNB, 2006. Dissertação (Mestrado). Universidade de Brasília, Brasília, 2006.

COHEN, J. L. Sociedade civil e globalização: repensando categorias. *Revista de Ciências Sociais*, Rio de Janeiro, v. 46, n. 3, p. 419-59, 2003.

HABERMAS, J. *Theory of communication action* – Lifeworld and system: a critique of functionalism reason. Boston: Beacon Press, 1989. v. 2.

MARTELETO, R. M. Análise de redes sociais: aplicação nos estudos de transferência de informação. *Caderno de Ciência da Informação*, Brasília, v. 30, n. 1, p. 71-81, jan/abr. 2001.

PARDINI, D. J. et al. Redes de aprendizagem: uma proposta metodológica no ensino de acionistas e executivos. *Revista de Ciências da Administração*, Florianópolis/UFSC, v. 14, n. 33, p. 25-40, ago. 2012.

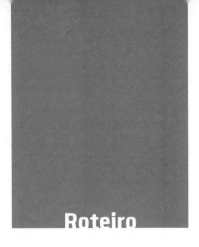

ROTEIRO PARA ANÁLISE DA FACE

Introdução

Marlene Marchiori

O **Grupo de** Estudos Comunicação e Cultura Organizacional (Gefacescom),[1] cadastrado no CNPq, nasceu em 2003 na Universidade Estadual de Londrina (UEL).

Um dos maiores desafios organizacionais da atualidade concentra-se, primeiramente, em sua instância interna. Cada organização é única, assim como é o ser humano, com sua cultura peculiar, seus valores, sua forma de ser e ver o mundo. Somos testemunhas de que as organizações são compostas essencialmente de pessoas e sabemos que são elas que fazem, que arquitetam, que realizam e que constroem autenticidade nos relacionamentos. O desvelar das faces da cultura e da comunicação organizacional instiga o conhecimento desses ambientes, em seus processos, práticas, estruturas e relacionamentos.

O Gefacescom, ao desenvolver pesquisas teóricas sobre a temática, identificou que os estudos poderiam ir muito além do entendimento da cultura como visão, missão e valores nas organizações. Assim, desvendou e identifi-

---

[1] Disponível em: <http://www.uel.br/grupo-estudo/gefacescom>. Acesso em: 16 set. 2013.

cou diferentes faces, que possibilitam o conhecimento das realidades organizacionais, com linguagem e conteúdo próprios, sendo inter-relacionadas com a perspectiva de análise da cultura e da comunicação organizacionais. Um roteiro com sugestões de perguntas, adaptável para a análise de cada estudo temático, pode orientar o desenvolvimento de trabalhos nesse campo específico e em seus relacionamentos. O roteiro pode ainda fazer crescer o nível de questionamentos ao explorar, mais detalhadamente, as diferentes faces, de acordo com a realidade observada na organização estudada, fazendo emergir possibilidades de estudos que revelem interfaces e novas faces.

Nos volumes da coleção *Faces da cultura e da comunicação organizacional* encontram-se diferentes roteiros, totalizando mais de setecentos questionamentos.

Agradecemos a participação dos alunos de iniciação científica do Gefacescom e dos pesquisadores colaboradores Regiane Regina Ribeiro e Wilma Villaça.

Roteiro de perguntas

Márcio Simeone Henriques

Relações entre as organizações e a sociedade

As organizações, como sistema social, estão em constante relação com outros sistemas e subsistemas. Em especial, as organizações interagem com o macroambiente social e político, ao qual precisam se adaptar constantemente, reagindo às mudanças e de onde precisam obter aceitação e legitimidade para sua existência. Para isso, precisam dar contas publicamente de sua atuação no âmbito privado e assumir responsabilidades por seus impactos perante a sociedade (responsabilidade social). Sob essa perspectiva, sucedem as relações entre as organizações e seus públicos.

1. O que compõe o macroambiente social na contemporaneidade?

2. O que configura as organizações como um sistema social, em sua relação com o macroambiente?

3. Como se dá o processo de legitimação de uma organização pela sociedade?

4. Como a organização procura justificar sua existência e buscar aceitação social para suas atividades?

5. De que maneira os públicos se formam na sociedade, em referência às diversas organizações?

6. Nos contextos democráticos, qual o papel político dos públicos diante das organizações?

7. Qual é a relação entre as questões de interesse público, a formação dos públicos e o exercício da cidadania?

8. Quais são as dinâmicas de adaptação da organização às mudanças no ambiente social?

9. Como a organização é vista quanto ao uso de recursos naturais e de impacto ao meio ambiente?

10. Que respostas a organização procura dar a questões de sustentabilidade?

11. De que forma e por que meios se dá a prestação de contas públicas das atividades da organização?

12. O que constitui a responsabilidade social das organizações? Como se efetiva?

13. Como ocorrem as mediações no relacionamento entre as organizações e a sociedade? Qual o papel dos meios de comunicação nesse processo?

14. Como essa relação entre a organização e a sociedade se dá na prática profissional de comunicação organizacional e de relações públicas?

15. Quais são os meios de compreender o sistema social sob a perspectiva da formação das questões públicas, das controvérsias e da opinião pública?

16. Que dilemas morais e éticos as organizações enfrentam em suas relações com a sociedade?

Relações entre as organizações e as comunidades

As organizações produzem impactos econômicos, políticos, sociais e culturais em sua vizinhança e, por isso, precisam relacionar-se com as comunidades de seu entorno. Vistas como públicos, essas comunidades são fontes tanto de cooperação quanto de conflito, e sobre elas a organização se vê diante da necessidade de assumir uma responsabilidade social de modo mais imediato.

17. O que caracteriza uma comunidade em uma visão das sociedades modernas?

18. Como as comunidades podem ser vistas sob a perspectiva da sociabilidade no mundo atual?

19. O que caracteriza uma comunidade (ou comunidades) como um público para a organização?

20. Que tipo de interesses as comunidades projetam sobre a organização? Que demandas geram?

21. Que tipo de interesses a organização projeta sobre as comunidades de sua vizinhança? Qual a relação dessa projeção com a forma como define sua missão, sua visão e seus valores?

22. De que maneira a organização define o alcance desses públicos que se encontram em sua vizinhança?

23. Como captar as formas sob as quais as comunidades organizam suas demandas em relação à organização?

24. Que relações específicas se estabelecem entre as operações da organização e sua vizinhança?

25. Quais são as principais fontes de conflito entre organização e comunidades?

26. Como a organização trata as questões relativas aos impactos negativos causados às comunidades?

27. Como as comunidades se fazem representar como públicos ante a organização?

28. Como se constituem as relações de poder entre a organização e as comunidades de sua vizinhança?

29. Como a organização trata as questões políticas da localidade em que se insere?

30. Em que sentido as comunidades se tornam públicos de projetos sociais e de responsabilidade social para a organização? Qual a importância desses projetos?

31. Qual a relação entre a cultura organizacional e a cultura da localidade?

32. Que ações de comunicação são planejadas e realizadas pela organização com o intuito de estabelecer uma relação contínua com as comunidades?

33. Qual a relação entre a organização e os meios de comunicação locais e como atuam esses meios nas comunidades?

34. Quais são as formas de a organização captar opiniões e atitudes da comunidade e avaliar continuamente essa relação?

35. Como se dá e se estrutura na organização a atividade profissional de relacionamento com as comunidades?

36. Que dilemas morais e éticos são frequentes no relacionamento com as comunidades?

Redes digitais de comunicação

São as relações entre os indivíduos na comunicação mediada por computador. Esses sistemas funcionam por meio da interação social, buscando conectar pessoas e proporcionar sua comunicação por meio de blogs, mensagens instantâneas, ferramentas sociais, softwares de interação e informação, entre outros.

37. O que você entende por redes digitais?

38. Quais são as redes existentes na organização? Twitter, blogs, Orkut, podcasts, RSS etc.?

39. Há alguma rede apenas para o público interno? Em caso afirmativo, qual?

40. De que maneira a organização vem procurando aproximar os horizontes da tecnologia?

41. Qual o nível de preocupação da organização em se manter atualizada com o avanço das redes?

42. Como se deu – ou se dá, continuamente – a transição das velhas para as novas formas de comunicação?

43. De que maneira a organização promove a implantação de novas redes? Qual o processo?

44. Já foi observada alguma resistência com a introdução de novas redes? Em caso afirmativo, como isso ocorreu?

45. Como a organização lida com as eventuais resistências?

46. Como essas redes são alimentadas?

47. Que importância a organização credita às redes?

48. No ambiente organizacional, há redes que promovam a socialização? Quais são as experiências que a organização revela?

49. As redes da organização atuam em sentido mais interativo ou informativo?

50. Como essas redes influenciam o comportamento dos indivíduos?

51. Como essas redes refletem no ambiente organizacional como um todo?

52. Essas redes exercem algum impacto na agilidade da organização?

53. De que maneira a tecnologia tem facilitado o trabalho colaborativo?

54. Como as redes contribuem para agilizar o trabalho na organização?

55. Há algum tipo de controle sobre o desenvolvimento de redes na/sobre a organização?

56. Existe algum tipo de desvantagem na introdução das redes digitais na organização? Desperdício de tempo, de produção, uso indevido?

57. Em sua opinião, as redes digitais proporcionam vínculo aos públicos da organização?

58. As redes digitais são usadas de forma estratégica agregando valor junto aos diferentes públicos? Em caso afirmativo, de que forma?

59. O uso de redes digitais na organização está integrado ao planejamento global da comunicação?

60. As redes digitais promovem o mesmo poder comunicativo e igual oportunidade de acesso a todos os indivíduos da organização?

61. Os indivíduos atuam nas redes digitais como receptores passivos ou produtores de conteúdos? Explique.

62. As redes sociais promovem relações interpessoais de confiança, afinidade e reciprocidade? Como?

63. As redes sociais são mantidas voluntariamente? Como isso acontece na organização?

64. As redes sociais são vistas pela organização como facilitadora de troca de informações, opiniões, questionamentos, pontos de vista, visões de mundo?

65. De que forma as redes facilitam o desenvolvimento da organização?

Impressão   Sermograf Artes Gráficas e Editora Ltda.
            Rua São Sebastião, 199
            Petrópolis, RJ

            *Esta obra foi impressa em offset 75g/m² no miolo,
            cartão 250g/m² na capa e no formato 16cm x 23cm.*

            Julho de 2014